T0290214

Bhante H. Gunaratana

Los cuatro fundamentos del mindfulness

El cuerpo, las sensaciones, la mente y el *Dhamma*

Una traducción comentada del *Satipatthana Sutta*

Traducción del inglés de Fernando Mora

editorial Kairós

«La enseñanza de los "cuatro fundamentos"
cobra vida en este libro.
Mi consejo al lector
es que beba de él profundamente hasta saciarse.»

JON KABAT-ZINN

Sumario

Parte IV. Mindfluness del *Dhamma*

Prólogo

Existen diferentes libros sobre los «cuatro fundamentos del mindfulness». Algunos de ellos son traducciones directas del discurso original, en lengua pali, del Buda histórico, otros explican el *sutta* detalladamente con todo tipo de comentarios y subcomentarios, mientras que otros son profundos estudios académicos. Si estamos interesados en mejorar nuestro conocimiento teórico acerca de la meditación, cualquiera de estos libros es sumamente recomendable.

Cuando enseño meditación, trato de asegurarme de que los oyentes reciban y lleven a la práctica el mensaje sin dificultades, incluso si no disponen de un maestro cercano al que consultar; como siempre mi preocupación en este libro es la práctica real, aquí y ahora, en nuestra vida. Por eso, cuando escribo, me esfuerzo por hacerlo con un lenguaje sencillo.

La meditación está ganando popularidad en nuestra época debido a muchas y muy buenas razones. Sin embargo, por desgracia, no hay suficientes maestros accesibles para satisfacer plenamente la demanda de este creciente número de exploradores. Algunos futuros estudiantes leen buenos libros de meditación, otros asisten a retiros y aun otros escuchan excelentes charlas al respecto. Después de leer libros acerca de la meditación, escuchar charlas y asistir a retiros, un buen número de estudiantes me escriben a la Bhavana Society planteándome preguntas referentes a temas que les gustaría aclarar. Mi intención al escribir este libro no es responder a todas esas preguntas, sino tan solo a algunas de ellas. ¡Nadie puede, por supuesto, escribir un libro o una serie de libros que respondan a todas las preguntas que la gente plantea! Y lo que es más, a medida que la gente va profundizando en el tema, su entusiasmo los impulsa a formular cada vez más preguntas. El presente libro es mi humilde intento de responder a algunas de las cuestiones relacionadas con la meditación.

Agradezco sinceramente a Ajahn Sona, uno de mis estudiantes en la Bhavana Society, su valiosa ayuda a la hora de emprender este libro. También estoy agradecido a Josh Bartok y Laura Cunningham, de Wisdom Publications, por aportar numerosas y valiosas sugerencias para completar el libro y por guiarlo hasta su conclusión, y también a Brenda Rosen, quien contribuyó con su enorme esfuerzo y tiempo a elaborar el manuscrito.

Bhante Henepola Gunaratana
Bhavana Society
Alta Vista, Virginia Occidental

Introducción

El *Sutta de los cuatro fundamentos del mindfulness* es un discurso, o una colección de discursos, que fueron impartidos, según se afirma, por el Buda histórico. La meditación del mindfulness [atención plena] o de la visión profunda está basada en este *sutta*. En la actualidad muy conocido en Occidente, este amplio conjunto de temas y técnicas de meditación es, probablemente, el principal estilo de meditación enseñado, hoy en día, en el ámbito del budismo Theravada.

La atención plena también ha sido el tema fundamental de mis otros libros. En *El libro del mindfulness*, presento una guía práctica, paso a paso, de este tipo de meditación. Si el lector es neófito en la práctica de la visión profunda, ese libro constituye un buen punto de partida para acometerla. Por su parte, en *La práctica de la atención plena en nuestra vida cotidiana*, muestro el modo de utilizar el mindfulness para progresar a lo largo del sendero del Buda, formado por ocho pasos, que conduce a la felicidad. Podría decirse, pues, que los «cuatro fundamentos» aportan los detalles del séptimo paso de dicho sendero. De hecho, los últimos tres pasos –esfuerzo, mindfulness y concentración, o lo que nosotros en Occidente llamamos «meditación»– están, todos ellos, cubiertos en los *Cuatro fundamentos*. En otro de mis libros, titulado *Más allá del mindfulness*, explico los principios y técnicas de la meditación de concentración profunda. La meditación de concentración, o *samatha*, discurre de manera paralela y complementaria a la meditación de la atención plena, o *vipassana*, puesto que los «cuatro fundamentos» aportan la base de toda concentración.

En el presente libro, abordo directamente los «cuatro fundamentos», los principios subyacentes de la práctica del mindfulness. En un lenguaje sencillo y directo, comparto lo que el Buda dijo acerca de la atención plena en sus sermones de enseñanza, o *suttas*, y de cómo podemos utilizar estos principios para mejorar nuestra vida diaria, profundizar nuestro mindfulness y aproximarnos a nuestros objetivos espirituales.

La premisa básica del mindfulness es muy sencilla. El cuerpo efectúa muchas acciones sin la participación de nuestro conocimiento. Por ejemplo, cuando los gérmenes nos invaden, nuestros glóbulos blancos atacan a los invasores sin la participación de nuestro conocimiento. Sin embargo, podemos entrenarnos para darnos cuenta de las cosas que hacemos deliberadamente con el cuerpo, como caminar, estar de pie, hablar, comer, beber, escribir, leer, jugar y otras actividades físicas. También podemos desarrollar una consciencia, a cada momento, de nuestras emociones, sensaciones, pensamientos y otras actividades mentales. *El mindfulness nos enseña a llevar a cabo con total atención todo lo que hacemos.*

El lector tal vez se pregunte: «¿Por qué es importante la alerta completa?». Como no tarda en descubrir cualquier persona que acomete la práctica del mindfulness, cuanto más conscientes seamos de nuestras acciones y de las sensaciones, pensamientos y percepciones que las originan, más profunda será nuestra visión de por qué hacemos lo que hacemos. La alerta nos permite percibir si nuestras acciones dimanan de impulsos beneficiosos o perjudiciales. Las motivaciones beneficiosas incluyen generosidad, amistad, compasión y sabiduría, mientras que las acciones perjudiciales son causadas principalmente por la codicia, el odio y el engaño. Cuando somos conscientes de las raíces profundas a partir de las cuales dimanan nuestros pensamientos, palabras y acciones, tenemos la oportunidad de cultivar aquellos que resultan más beneficiosos y de eliminar los dañinos.

El Buda es muy claro al señalar que el objetivo principal de todas sus enseñanzas es «el final del sufrimiento». La atención plena nos ayuda a reconocer que las acciones beneficiosas aportan paz mental y felicidad a nuestra vida cotidiana. También nos ayudan a progresar en el camino del Buda hacia el *nibbana*: la liberación, la emancipación completa respecto del sufrimiento. De igual modo, la atención plena nos enseña que las acciones motivadas por la codicia, el odio y el engaño nos tornan miserables y ansiosos, aprisionándonos en el *samsara*, el ciclo, vida tras vida, del sufrimiento repetitivo.

Cuando practicamos el mindfulness, antes de hablar nos preguntamos: «¿Son estas palabras sinceras y beneficiosas para mí y para los demás? ¿Traerán paz o crearán más problemas?» Cuando pensamos con atención, nos preguntamos: «¿Este pensamiento me aporta serenidad y felicidad o, por el contrario, me genera angustia y temor?». Y, antes de actuar, nos preguntamos: «¿Esta acción nos causará sufrimiento a mí y a los demás?». El hecho de ser conscientes nos brinda la oportunidad de elegir: «¿Quiero alegría y satisfacción o más sufrimiento y preocupaciones?».

El entrenamiento del mindfulness también sirve para recordar que debemos prestar atención a los cambios que ocurren continuamente tanto en el interior de nuestro cuerpo y mente como en el mundo que nos rodea. Por lo general, nos olvidamos de prestar atención debido a las innumerables cosas que ocurren al mismo tiempo y que distraen nuestra mente. Entonces perdemos de vista el flujo, y nos dejamos llevar por lo superficial. Nuestra mente solo quiere ver qué es lo siguiente, y lo siguiente, y lo siguiente. Nos fascina el espectáculo y olvidamos que, de hecho, tan solo se trata de un espectáculo.

El Buda enseña: «Lo transitorio es sufrimiento». La verdad de estas palabras se torna evidente cuando, sencillamente, prestamos atención. Pero, a la postre, la mente se cansa de cambiar de un objeto transitorio al siguiente. Al perder interés en esta búsqueda estéril, la mente encuentra reposo y alegría. En lengua pali, la palabra que significa «recordar» es *sati*, la cual también puede ser traducida como «mindfulness». Recordar consiste simplemente en prestar una atención directa y no verbal a lo que ocurre momento a momento.

Cuando reposamos cómodamente en la consciencia, nos relajamos en las cosas tal como son ahora, en este mismo momento, sin reparar en lo que ocurrió en el pasado o en lo que sucederá en el futuro. Normalmente, debido a nuestra falta de comprensión, tendemos a culpar al mundo por nuestro dolor y sufrimiento. Sin embargo, gracias a *sati*, el recuerdo consciente, comprendemos que el único lugar en el que podemos encontrar la paz y la libertad respecto del sufrimiento es en este mismo lugar, justo aquí, en nuestro propio cuerpo y mente.

La memoria es algo muy natural, casi automático, para nuestro cuerpo. El corazón bombea sangre sin que se lo recuerden, y la mente también puede ser educada para actuar de la misma manera. Entrenar la facultad de la atención plena es como respirar oxígeno continuamente para seguir vivos. A medida que ocurren los eventos mentales, la atención plena nos ayuda a ver si son perjudiciales para la mente y el cuerpo. Tenemos la opción entonces de limitarnos a padecer el dolor, o bien de examinarlo para comprender por qué surge. Si ignoramos las causas, seguiremos sufriendo. Vivir con consciencia exige esfuerzo, pero, siguiendo el ejemplo del Buda, con la práctica cualquier persona puede conseguirlo.

La práctica del mindfulness tiene raíces muy profundas en la tradición budista. Hace más de 2.600 años, el Buda exhortó a sus principales *bhikkhus*, los monjes con la responsabilidad de transmitir sus enseñanzas a otros, a que entrenasen a sus estudiantes en los *Cuatro fundamentos del mindfulness*.

–¿Cuáles son estos cuatro fundamentos? –le preguntaron.

–He aquí, amigos –respondió el Buda–, que un *bhikkhu* vive contemplando el cuerpo en el cuerpo, fervoroso, comprendiendo claramente, unificado con una mente concentrada en un solo punto, para conocer el cuerpo como realmente es. Vive contemplando las sensaciones en las sensaciones... para conocer las sensaciones como realmente son. Permanece contemplando la mente en la mente... para conocer la mente como realmente es. Y vive contemplando el *dhamma* en los *dhammas*... para conocer los *dhammas* como realmente son.

La práctica de contemplar (o, como podríamos decir, meditar) los «cuatro fundamentos» –mindfulness del cuerpo, las sensaciones, mente y *dhammas* (o fenómenos)– se recomienda en cada etapa del camino espiritual. Como el Buda sigue explicando, todo el mundo –aprendices que terminan de ingresar en el camino budista, monjes y monjas, e incluso *arahants*, meditadores avanzados que ya han alcanzado la meta de la liberación del sufrimiento–, «debe ser exhortado, asentado y establecido en el desarrollo de estos "cuatro fundamentos del mindfulness"».

En este *sutta*, el Buda se dirige principalmente a la comunidad de *bhikkhus*, monjes y monjas que han consagrado su vida a la práctica espiritual. Dada esta situación, es posible que nos preguntemos si las personas occidentales con familias, trabajos y vidas ajetreadas pueden beneficiarse de la práctica de la atención plena. Si las palabras del Buda estuviesen destinadas tan solo a los monjes, habría impartido este discurso en un monasterio. Pero habló en un pueblo habitado por comerciantes, granjeros y otras personas comunes. Puesto que la atención plena puede ayudar a aliviar el sufrimiento a mujeres y hombres de cualquier profesión y extracción social, podemos asumir que utiliza la palabra *bhikkhu* para referirse a cualquier persona seriamente interesada en la meditación. Y, en ese sentido, todos somos *bhikkhus*.

Veamos ahora brevemente, y a modo de anticipo de lo que vendrá después, cada uno de los «cuatro fundamentos del mindfulness».

Al pedirnos que practiquemos el *mindfulness del cuerpo*, el Buda nos recuerda que debemos ver «el cuerpo en el cuerpo». Con estas palabras quiere decir que tenemos que reconocer que el cuerpo no es algo sólido y homogéneo, sino una colección de partes. Las uñas, los dientes, la piel, los huesos, el corazón, los pulmones y todas las demás partes que lo componen son, cada una de ellas, en realidad un pequeño «cuerpo» ubicado en esa entidad mayor que llamamos «el cuerpo». Tradicionalmente, el cuerpo humano se subdivide en treinta y dos partes, y nos entrenamos para llegar a ser conscientes de cada una de ellas. Tratar de ser consciente de la totalidad del cuerpo se parece a tratar de atrapar un montón de naranjas. Si agarramos todo el montón a la vez, ¡quizá terminemos sin ninguna!

Además, recordar que el cuerpo está compuesto de muchas partes nos ayuda a percibir «el cuerpo como cuerpo», es decir, no como *mi* cuerpo o *yo mismo*, sino simplemente como una forma física como todas las demás formas físicas. Al igual que el resto de las formas, el cuerpo nace, perdura durante un periodo y luego muere. Debido a que experimenta lesiones, enfermedades y muerte, el cuerpo es insatisfactorio como fuente de felicidad permanente. Y, puesto que el cuerpo no soy *yo*, también podemos afirmar que «carece de yo». En palabras del Buda, cuando la atención plena nos ayuda a reconocer que el cuerpo es transitorio, insatisfactorio y carente de yo, «conocemos el cuerpo como realmente es».

De igual modo, al pedirnos que practiquemos el *mindfulness de las sensaciones*, el Buda nos dice que contemplemos «la sensación en las sensaciones». Estas palabras nos recuerdan que, al igual que ocurre con el cuerpo, las sensaciones pueden ser objeto de múltiples subdivisiones. Tradicionalmente, se habla de tres tipos de sensaciones: placenteras, desagradables y neutras. Cada una de ellas es un tipo de «sensación» *en* el estado de conocimiento mental que denominamos «sensaciones», siendo capaces, en cualquier momento dado, de percibir tan solo un tipo de sensación. En consecuencia, cuando está presente una sensación placentera, no aparecen ni las sensaciones dolorosas ni las sensaciones neutras. Y lo mismo se aplica a las sensaciones desagradables o neutras.

Consideramos las sensaciones de esta manera para ayudarnos a desarrollar una consciencia simple y carente de juicios de lo que experimentamos, es decir, percibimos cada sensación en particular como una más entre múltiples sensaciones, y no como *mi* sensación o como una parte de *mí*. Cuando observamos cada sensación y emoción a medida que surge, permanece y desaparece, vemos que toda sensación es transitoria. Asimismo, puesto que las sensaciones placenteras no perduran y las sensaciones desagradables son a menudo dolorosas, comprendemos que las sensaciones son insatisfactorias. Al percibir la sensación o la emoción como sensación, en lugar de como *mi* sensación, comprendemos que las sensaciones carecen de yo. Al reconocer esta verdad, «conocemos las sensaciones como realmente son».

El mismo proceso se aplica al *mindfulness de la mente*. Sin embargo, aunque hablemos de «la mente» como si se tratase de una única entidad, de hecho, la mente o consciencia es una sucesión de casos particulares de la «mente en la mente». Tal como nos enseña la práctica del mindfulness, la consciencia surge a cada momento dependiendo de la información que nos llega de los sentidos –lo que vemos, oímos, olfateamos, saboreamos y tocamos– y de los estados mentales internos, tales como recuerdos, imaginaciones y ensoñaciones diurnas. Cuando observamos la mente, no estamos contemplando la mera consciencia. La mente en sí misma no existe, sino tan solo los estados particulares de la mente que aparecen dependiendo de condiciones externas o internas. Al prestar atención al modo en que cada pensamiento surge, permanece y desaparece, aprendemos a detener la sucesión fugitiva de los pensamientos insatisfactorios que conducen a otro y a otro y a otro pensamiento. Obtenemos un poco de desapego y entendemos que no somos nuestros pensamientos. A la postre, llegamos a conocer «la mente como realmente es».

Al aconsejarnos que practiquemos el *mindfulness de los dhammas*, o fenómenos, el Buda no solo está diciendo que debemos tener presentes sus enseñanzas, aunque ese sea uno de los significados de la palabra *dhamma*, sino que también nos recuerda que el *dhamma* que contemplamos se halla en nuestro interior. La historia del mundo está llena de buscadores de la verdad, y el Buda era uno de ellos. Sin embargo, casi todos buscaban la verdad fuera de sí mismos. Antes de alcanzar la iluminación, el Buda también buscó en el exterior. Aunque buscaba a su creador, la causa de su existencia, a quien llamó el «constructor de la casa», nunca encontró lo que buscaba. En lugar de eso, descubrió que él mismo estaba sujeto a nacimiento, crecimiento, decadencia, muerte, enfermedad, dolor, sufrimiento y corrupción. Y, cuando miró fuera de sí mismo, vio que todos los demás también padecían los mismos problemas. Este reconocimiento le ayudó a ver que, aparte de él mismo, nadie podía liberarlo de su sufrimiento. Así pues, empezó a indagar en su interior. Esta búsqueda interior se conoce como «compruébalo tú mismo». Solo cuando comenzó a buscar en su interior, encontró la respuesta. Y entonces dijo:

> Durante muchos nacimientos he vagado por el *samsara*,
> buscando sin encontrar al constructor de esta casa.
> Doloroso es nacer una y otra vez.
> ¡Oh, constructor, ahora te he visto!
> No volverás a construir la casa.
> Todos los travesaños están rotos.
> He destruido la viga maestra.
> La mente ha alcanzado lo incondicionado.

Así pues, el gran descubrimiento del Buda es que la verdad reside en nuestro interior. Todo el *Dhamma* que enseñó se basa en esta comprensión. Cuando observamos dentro de nosotros, alcanzamos a percibir el significado de las «cuatro nobles verdades», la primera enseñanza esencial del Buda. ¿Dónde localizamos el sufrimiento? Lo experimentamos en nosotros mismos. ¿Y dónde reside la causa de nuestro sufrimiento, el anhelo? También se halla en nuestro interior. ¿Y cómo podemos llegar al final del mismo, a la cesación del sufrimiento? Encontramos el camino dentro de nosotros mismos. ¿Y dónde podemos desarrollar comprensión, pensamiento, habla, acción, medios de subsistencia, esfuerzo, atención y concentración hábiles, el «noble óctuple sendero» del Buda, el método para poner fin al sufrimiento? Desarrollamos todas estas cualidades en nuestro propio cuerpo y mente. Las raíces del sufrimiento están dentro de nosotros. Y el método para eliminar el sufrimiento también reside en nuestro interior.

Cuando practicamos la atención plena, seguimos el ejemplo del Buda y observamos nuestro interior. Nos damos cuenta de que la codicia, el odio y el engaño son las causas de nuestra infelicidad. Sin embargo, si sustituimos estos venenos por generosidad, amor-amistad, compasión, alegría empática, paciencia, cordialidad, amabilidad y sabiduría, encontraremos la felicidad y la paz mental que estábamos buscando. Como siempre les recuerdo a mis estudiantes: «La meditación que lleváis a cabo en el cojín es vuestra preparación. El resto de vuestra vida es el trabajo de campo. Necesitáis ambos para practicar el mindfulness».

El otro significado de la palabra *dhammas* es simplemente «fenómenos». Cuando seguimos el consejo del Buda y «moramos contemplando el *dhamma* en los *dhammas*», llegamos a comprender que cada fenómeno individual dentro de la realidad tal como la experimentamos –incluyendo objetos físicos, sensaciones, percepciones, actividades mentales y consciencia– llega a ser, permanece y luego muere. De la misma manera, los hábitos negativos profundamente arraigados de la mente no iluminada que nos atan a una vida insatisfactoria tras otra, conocidos como grilletes, son transitorios. Con el debido esfuerzo, cada grillete –incluyendo la codicia, el odio y la creencia en la existencia de un yo o alma permanente– puede ser reconocido y extirpado. En esencia, el camino del *dhamma* es bastante directo. Eliminamos uno a uno nuestros hábitos dañinos y cultivamos, en su lugar, cualidades positivas basadas en nuestra comprensión de las enseñanzas del Buda. Al final, cuando cae el último grillete, alcanzamos la liberación del sufrimiento.

Entonces, ¿cómo empezar la meditación mindfulness? Siempre recomiendo la meditación enfocada en la respiración como la mejor manera de abordar el entrenamiento de la atención plena. En *El libro del mindfulness*, expongo tanto los fundamentos de la meditación en la respiración como otras prácticas esenciales del mindfulness. También podemos encontrar en este libro, en los capítulos relativos a la atención plena al cuerpo, instrucciones similares para la meditación sedente y el paseo meditativo. En la sección que sigue a esta introducción, sugiero maneras de integrar el *Sutta de los cuatro fundamentos del mindfulness* del Buda en una simple práctica diaria.

Aunque muchas personas se sienten atraídas por la meditación debido a sus maravillosos beneficios desde el punto de vista de la relajación, el alivio del estrés y el dolor y la salud general del cuerpo y la mente, en el contexto de los «cuatro fundamentos» es importante tener presente otro conjunto de objetivos. Con dedicación y práctica regular, podemos esperar alcanzar cinco logros espirituales significativos:

En primer lugar, la meditación nos ayuda a ser plenamente conscientes de lo que ocurre, aquí y ahora, en la mente y el cuerpo. Muy a menudo, nos movemos dormidos por nuestra vida, cavilando sobre el pasado o soñando despiertos acerca del futuro. El mindfulness nos enseña a atravesar la niebla y enfocarnos en el momento presente.

En segundo lugar, gracias a esta nueva consciencia, podemos evaluar con más claridad el propósito y la idoneidad de todo lo que decimos y hacemos. La consecuencia es que tomaremos decisiones más sabias y positivas.

En tercer lugar, la meditación nos entrena a percibir nuestro propio cuerpo, sensaciones, percepciones, pensamientos y consciencia exactamente como son en cada momento. Vernos a nosotros mismos con claridad es el primer paso esencial para efectuar cambios positivos en nuestra vida.

En cuarto lugar, a medida que nuestra práctica va profundizándose, percibimos de una manera especial y sin distorsiones el mundo que nos rodea. Llegamos a comprender que todo lo que existe –incluyéndonos a nosotros– es interdependiente con todo lo demás, y que todo está sometido a un continuo cambio. Por esta razón, nos damos cuenta de que ninguna persona, lugar, cosa o situación puede ser satisfactoria de manera permanente.

Y, por último, aprendemos a consagrarnos plenamente a la reflexión o la meditación, reconociendo que solo siguiendo el ejemplo del Buda podemos esperar encontrar felicidad y paz duraderas.

En resumen, la meditación de la visión profunda entrena nuestra mente a estar alerta durante las veinticuatro horas del día. Dotados de esta nueva claridad, comenzamos a percibir que los objetos materiales son menos sólidos de lo que nos transmiten nuestros sentidos ordinarios. De hecho, descubrimos que son tan reales como un espejismo que resplandece en el desierto. De igual manera, reconocemos que nuestras sensaciones y pensamientos se hallan en continuo flujo. En realidad, son tan permanentes como burbujas de jabón. La atención nos libera del deseo de aferrarnos a las cosas y las personas con el pensamiento «esto es *mío*» y de considerar, con el pensamiento «*yo* soy esto» o «este es mi *yo*», que nuestro propio cuerpo y mente son fijos e inmutables.

El *Sutta de los cuatro fundamentos del mindfulness* es una enseñanza poderosa. De hecho, el Buda promete que cualquiera que practique sus instrucciones sobre la atención plena, exactamente como él las transmite, sin omitir nada, puede alcanzar la iluminación –la liberación permanente del sufrimiento– en esta misma vida, ¡e incluso en el breve plazo de una semana!

Por increíble que parezca esa promesa, tiene pleno sentido. Imaginemos lo clara que estaría nuestra mente si estuviésemos atentos, en cada momento de vigilia, durante todo el día, de la mañana a la noche. Entonces imaginemos la claridad de la que disfrutaríamos si pasásemos dos, tres o cuatro días con atención plena. Cuando permanecemos atentos todo el tiempo, es fácil tomar buenas decisiones. La mente se purifica y se vuelve luminosa. Cada día que practicamos mindfulness estamos más cerca de la liberación.

El *Sutta de los cuatro fundamentos del mindfulness*

Antes de pasar a analizar con detalle cada uno de los «cuatro fundamentos», echemos un vistazo anticipatorio a lo que abordaremos después. Como ya he mencionado, las enseñanzas sobre los «cuatro fundamentos» proceden de un discurso de enseñanza, conocido como *Satipatthana Sutta*, impartido por el Buda. Seguidamente, presentamos una versión resumida de este *sutta*. He añadido algunos encabezamientos que no forman parte del *sutta* original para ayudar a seguir la secuencia.

A medida que el lector lea este libro, puede resultarle útil volver a esta sección de vez en cuando para refrescar su memoria sobre lo que ya ha sido abordado y también para ver lo que le espera. Debemos intentar leer el *sutta* en voz alta cada vez que volvamos a él. Es muy útil escuchar las palabras del Buda como si estuviesen dirigidas específicamente a cada uno de nosotros, ¡porque, de hecho, es así!

Mi consejo es que este libro no sea leído como una novela o digerido como un libro de texto académico. Más bien, las enseñanzas del Buda deben ser exploradas y practicadas como si se tratasen de una partitura de música clásica. A medida que vayamos familiarizándonos cada vez más con él, nuestra comprensión experiencial del *Dhamma* cobrará vida propia. Si bien al principio el mindfulness requiere mucho esfuerzo, al final se convierte en algo natural.

La práctica diaria del mindfulness

Si ya practicamos la meditación o si la lectura de este libro nos inspira a comenzar a hacerlo, podemos hacer que la lectura del *Satipatthana Sutta* pase a formar parte de nuestra sesión de meditación.

Siempre recomiendo que la gente empiece su sesión de meditación dirigiendo pensamientos de amor-amistad hacia sus padres, maestros, parientes, amigos, extraños, adversarios y, en última instancia, hacia todos los seres vivos. Iniciar nuestra sesión de meditación de esta manera ayuda a desarrollar la concentración y también previene que surja cualquier tipo de resentimiento mientras estamos sentados.

Así pues, antes de enfocar la atención en la respiración u otro punto focal, tal vez sientas que merece la pena leer en voz alta, recitar o incluso cantar la versión del *Satipatthana Sutta* que ofrecemos a continuación. Lee o recita despacio, para darte tiempo de repasar mentalmente lo que hayas aprendido o entendido sobre cada punto. Si descubres que no recuerdas el significado de lo expresado por el Buda o que estás confuso en relación con algo, toma la resolución de leer más o solicita ayuda a un meditador más experimentado. Si lees el *sutta* y reflexionas en él todos los días, al final tendrás siempre en la punta de la lengua toda la secuencia de prácticas relacionadas con el mindfulness.

Los cuatro fundamentos del mindfulness
Satipatthana Sutta

Bhikkhus, este es el sendero directo a la purificación de los seres,
para superar el sufrimiento y la lamentación,
para disipar el dolor y el pesar,
para alcanzar el camino verdadero
y para realizar el *nibbana*, a saber,
los «cuatro fundamentos del mindfulness».

1. *Mindfulness del cuerpo*
Mindfulness de la respiración.
Mindfulness de las cuatro posturas: caminar, de pie, sentado y acostado.
Mindfulness con comprensión clara: de lo que es beneficioso, de la idoneidad, del dominio del meditador, del no engaño.
Reflexión en las treinta y dos partes del cuerpo.
Análisis de los cuatro elementos.
Nueve contemplaciones del cementerio.

2. *Mindfulness de las sensaciones*

Sensaciones placenteras, dolorosas y ni dolorosas ni placenteras, mundanas y espirituales.

Conocimiento de su manifestación, emergencia y desaparición.

3. *Mindfulness de la mente*

Entendiendo la mente como:

codiciosa o no codiciosa,

odiosa o no odiosa,

engañada o no engañada,

contraída o distraída,

desarrollada o no desarrollada,

suprema o no suprema,

concentrada o no concentrada,

liberada o no liberada.

Conocimiento de su manifestación, emergencia y desaparición.

4. *Mindfulness del Dhamma*

Cinco obstáculos mentales

Deseo sensual, animadversión, letargo y torpeza, inquietud y preocupación, duda escéptica.

Conocimiento de su manifestación, origen y desaparición.

CINCO AGREGADOS DE APEGO

Forma material, sensaciones, percepciones, formaciones mentales y consciencia.

Conocimiento de su manifestación, emergencia y disolución.

SEIS BASES SENSORIALES EXTERNAS E INTERNAS

Ojo y objetos visibles, oído y sonidos, nariz y olores, lengua y sabores, cuerpo y objetos tangibles, mente y objetos mentales. Conocimiento de ellos y del surgimiento, abandono y futuro no surgimiento de los grilletes que originan la dependencia de ambos.

SIETE FACTORES DE LA ILUMINACIÓN

Mindfulness, investigación del *Dhamma*, energía, alegría, tranquilidad, concentración y ecuanimidad.

Conocimiento de su presencia, su surgimiento y su desarrollo.

«CUATRO NOBLES VERDADES»

Sufrimiento, su origen, su cesación y el sendero que conduce a la cesación del sufrimiento.

«NOBLE ÓCTUPLE SENDERO»

Comprensión, pensamiento, palabra, acción, medios de vida, esfuerzo, atención plena y concentración hábiles.

Bhikkhus, si alguien desarrolla apropiadamente estos «cuatro fundamentos del mindfulness» durante siete años… o incluso durante una semana, esa persona puede esperar alcanzar uno de estos dos frutos: o bien el conocimiento final aquí y ahora, o bien, si queda algún rastro de apego, el estado del que no retorna.

Parte I. Mindfulness del cuerpo

1. Respiración

Veinte años después de que el Buda alcanzase la iluminación, uno de los monjes principales, llamado Ananda, se convirtió en su asistente personal. Cierto día le preguntó al Buda:

–Venerable señor, si la gente me pregunta si todavía practicas la meditación, ¿qué debo decir?

El Buda le respondió que, en efecto, todavía practicaba la meditación.

–¿Qué tipo de meditación practicas, venerable señor? –siguió preguntando Ananda.

–La atención plena a la respiración –le respondió el Buda.

La meditación en la respiración es el modo ideal de emprender el entrenamiento de la atención plena. La respiración es la acción física que más repetimos. La mente siempre puede retornar a la respiración como objeto focal, puesto que nos acompaña de continuo. No necesitamos que nos enseñen a respirar. Tampoco se requiere demasiada experiencia meditativa para depositar nuestra atención en la respiración. El aliento es también nuestra fuerza vital. Ningún órgano del cuerpo puede funcionar sin el suministro de oxígeno que obtenemos de cada ciclo de inhalación y exhalación.

Además, la respiración no es excluyente. Los seres vivos difieren en apariencia y comportamiento, consumen distintas clases de alimento, duermen en muchos tipos de lechos, pero todos ellos respiran. La respiración no distingue entre budistas, cristianos, hindúes, sijs, judíos, musulmanes y zoroastrianos. Tampoco diferencia entre ricos y pobres, capitalistas y socialistas o conservadores y liberales. Cuando nos centramos en la respiración, nos tornamos conscientes de la naturaleza universal de todos los seres.

Aunque hemos estado respirando toda nuestra vida, hasta que no prestamos atención a este proceso, no sabemos lo que realmente ocurre. Pero, cuando centramos la mente en la respiración, descubrimos todo lo relacionado con ella. Este tipo de adiestramiento es tan esencial para nuestra paz mental y progreso espiritual que el Buda recomienda que todos practiquen la meditación en la respiración.

Incluso el Buda utilizó la atención a la respiración para alcanzar su meta. Después de su iluminación, describió cómo había practicado previamente la autodisciplina extrema manipulando su respiración de maneras esotéricas y especiales, hasta que descubrió que no podía deshacerse de las impurezas conteniendo o alterando la respiración. Así pues, abandonó los ejercicios de control respiratorio y siguió su propio camino medio.

En el crepúsculo que precedió a la noche en que alcanzó la iluminación, el Buda se preguntó: «¿Qué tema de meditación debo practicar?». Y entonces recordó: «¡Ah! Cuando era un niño, utilizaba la respiración. La utilizaré de nuevo». De ese modo, concentró su mente en la respiración tal como es y, tras largas horas de constante atención y profunda concentración, todo se tornó claro para él. Cuando el último de sus hábitos mentales negativos desapareció, alcanzó la iluminación, esto es, la liberación plena y completa del sufrimiento.

Las instrucciones del Buda

En uno de los *suttas* más importantes, el Buda explica en detalle cómo practicar el mindfulness de la respiración. Sugiere que la persona se dirija a un lugar tranquilo, como un bosque o una casa con pocos ruidos, un lugar donde no vea perturbada su soledad y pueda alejarse de las preocupaciones cotidianas. Y luego añade que debemos practicar el mindfulness «enfrente».

Con estas palabras no se quiere decir que debamos depositar nuestra atención en lo que se halla espacialmente ante nosotros, sino más bien que debemos centrarnos en el momento presente. No podemos vivir en el pasado, ni en el futuro. Incluso cuando recordamos algo que sucedió hace tiempo, entendemos que este recuerdo está ocurriendo ahora. El único lugar y el único momento verdaderamente disponible para nosotros es justamente el aquí y ahora. Por esta razón, nos establecemos en el mindfulness prestando atención a cada inhalación y a cada exhalación.

Habiendo establecido la mente en el momento presente –prosigue, el Buda–, nos sentamos en una postura cómoda, con el cuerpo erguido, pero no tenso. (En el siguiente capítulo explicaré con mayor detalle las posturas más adecuadas para la meditación sedente.) Luego enfocamos la mente en la respiración, entrando y saliendo, dentro y fuera.

Entre otras cosas, nos percataremos de que a veces la respiración es larga y, otras veces, corta. Estas variaciones son algo natural. Si observamos cómo duerme un bebé, veremos que respira durante un rato con un ritmo regular. Entonces efectúa una respiración larga y luego vuelve a su ritmo anterior.

Como explica el Buda, cuando tomamos una inspiración larga, sabemos «Estoy tomando una inspiración larga», y cuando hacemos una espiración larga, sabemos «Estoy haciendo una espiración larga». Cuando llevamos a cabo una inhalación corta, sabemos: «Inhalación corta». Y, cuando hacemos una exhalación corta, sabemos: «Exhalación corta». Este consejo puede interpretarse erróneamente en el sentido de que debemos forzarnos a hacer inhalaciones y exhalaciones largas. Sin embargo, cuando alteramos deliberadamente la duración de nuestra respiración, esta no sigue su ritmo natural y no tardaremos en agotarnos. La meditación en la respiración no es un ejercicio respiratorio, sino que simplemente se sirve de la respiración como punto de enfoque para cultivar el mindfulness.

Como también descubriremos, cuando prestamos atención al ritmo natural de la respiración, esta se calma y, simultáneamente, la mente también se tranquiliza. Todo ocurre de manera natural. El mindfulness hace que la respiración se relaje. Cualquier esfuerzo en este sentido es contraproducente. La agitación o el esfuerzo adicional aceleran nuestra respiración. Si esto sucede, prestamos atención a esta respiración acelerada y nos damos cuenta de la agitación. Entonces la mente se relaja y la agitación desaparece por sí sola.

Asimismo, nos damos cuenta de que, cuando inhalamos y exhalamos con atención plena, experimentamos las sensaciones producidas por cada respiración. Las sensaciones cambian a medida que cambia la respiración. Así pues, observamos los cambios en la respiración y las variaciones en las sensaciones. Constatamos, por ejemplo, que a veces la respiración es superficial y, otras veces, profunda. A veces respirar es fácil; otras veces, no tan fácil. Observamos todas estas variaciones.

Además de eso, observamos otro patrón de sensaciones sutiles, como, por ejemplo, un poco de ansiedad y alivio de la ansiedad, presión y liberación de la presión. El mindfulness nos ayuda a percibir que, cuando los pulmones están llenos de aire, sentimos una ligera presión o tensión en ellos. Cuando exhalamos, esta tensión se libera poco a poco. Pero, cuando no queda más aire en nuestros pulmones, experimentamos un cierto grado de ansiedad porque ya no hay aire en los pulmones. Así pues, respiramos de nuevo, y esta ansiedad se desvanece. Al hacerlo, experimentamos un cierto grado de placer, pero también el retorno de la presión.

Por supuesto, tenemos que prestar una atención completa a cada ciclo respiratorio para advertir estos cambios. Pronto descubrimos que no hay escapatoria de ellos. Inhalamos y experimentamos placer y luego tensión. Exhalamos y experimentamos liberación, pero también ansiedad. Sin embargo, incluso este patrón tiene mucho que enseñarnos. Cuando experimentamos tensión, recordamos que no debemos sentirnos decepcionados. Cuando experimentamos placer, nos acordamos de no apegarnos a él.

Por tanto, mientras inspiramos y espiramos, tratamos de mantener nuestra ecuanimidad y una mente equilibrada. Recordamos que nuestra preferencia subyacente por las sensaciones placenteras a menudo surge del deseo, el cual puede conducir a la codicia por el placer sensual. Pero, cuando anhelamos el placer, siempre terminamos sufriendo porque, como ocurre con todas las cosas transitorias, el placer finalmente cambia o desaparece. También recordamos que nuestra tendencia subyacente a evitar las sensaciones desagradables suele surgir del resentimiento, el cual puede conducir a la ira. Observamos estas tendencias, es decir, nuestra codicia y nuestro enfado, y luego las dejamos ir, devolviendo nuestra atención a la respiración.

El cuerpo-respiración

También prestamos atención a cómo nos sentimos en el principio, el medio y el final de cada inhalación y de cada exhalación. Esta consciencia de la totalidad del ciclo respiratorio se denomina mindfulness del cuerpo de la respiración. Cuando la mente permanece ocupada con el cuerpo de la respiración, mente y respiración están relajadas. Y, cuando ambos están relajados, el resto del cuerpo también está relajado. Esto sucede porque la respiración forma parte del cuerpo. Prestar atención al cuerpo de la respiración es», como recomienda el Buda, una faceta de la atención al «cuerpo en el cuerpo». Así pues, el mindfulness nos ayuda a percibir que la respiración y el cuerpo no se hallan completamente separados.

Experimentamos la relación entre la respiración y el cuerpo cuando nos damos cuenta del ascenso y la caída del abdomen durante el ciclo respiratorio, tal como sugieren algunos instructores de meditación. Cuando respiramos, el abdomen se expande y, cuando exhalamos, se contrae. Pero, en realidad, el movimiento del abdomen es la segunda etapa de la elevación y caída del cuerpo. La primera etapa ocurre en la punta de la nariz. Inhalar equivale a ascender, y exhalar a caer. Gracias a la atención plena, observamos de manera microscópica la expansión o elevación de nuestro cuerpo mientras inhalamos, y la contracción o caída cuando exhalamos.

Cuando nos percatamos de estos eventos, también sentimos expansión, contracción y otros movimientos sutiles en todo el cuerpo, los mismos movimientos que ocurren en cada objeto material. ¡Incluso las paredes respiran! En verano se expanden y en invierno se contraen. Los astrofísicos nos dicen que el universo entero se expande y contrae. Sin embargo, para practicar el mindfulness de la respiración, solo tenemos que ser conscientes de la expansión y contracción de nuestro propio cuerpo.

Elementos internos y externos

Otra manera de constatar la relación existente entre la respiración y el cuerpo es percibir que la respiración está compuesta de cuatro elementos: tierra, agua, aire y calor. Todos los objetos materiales, incluido el cuerpo, se componen de estos elementos.

Mientras practicamos la atención plena a la respiración, reconocemos que es el elemento tierra de la respiración –su forma o configuración– lo que da lugar a la presión, la liberación y otras sensaciones táctiles en la nariz, los pulmones y el abdomen. De igual modo, observamos que la respiración es seca cuando el elemento agua es bajo. Y, por el contrario, cuando somos conscientes de que la respiración es húmeda, es que el elemento agua es elevado.

La función del elemento aire es el movimiento y la energía. Experimentamos el movimiento de la respiración a causa del elemento aire. Por su parte, la temperatura de la respiración se debe al elemento calor. El calor también fluctúa. Y, cuando es elevado, decimos que la respiración es caliente. Cuando desciende, decimos que la respiración es fría.

Además de los cuatro elementos, las partes del cuerpo –incluida la respiración– se refieren como internas o externas. Los elementos dentro del cuerpo son internos, y los ubicados fuera del cuerpo son externos. Si tenemos en cuenta esta distinción, podemos afirmar que la respiración que inhalamos es interna y que, al exhalar, dicha respiración interna se mezcla con el aire exterior. Entonces la respiración pasa a ser externa. También podríamos decir que es el cuerpo interno el que inhala, mientras que el cuerpo externo exhala.

En el *Maha Rahulovada Sutta*, el Buda expone el significado de las palabras *interno* y *externo*, tal como se aplican a los cuatro elementos del cuerpo. En cuanto al elemento aire, señala: «Todo lo que internamente, dentro de uno mismo, es aire… como los aires ascendentes, los aires descendentes, los aires en las extremidades, la inhalación y la exhalación… esto es lo que se denomina el elemento aire interno».

Por otro lado, el Buda explica: «Tanto el elemento aire interno como el elemento aire externo son simplemente elemento aire». Este punto es importante debido a nuestra tendencia a aferrarnos a las cosas que percibimos como si nos pertenecиеsen. Pero, vistos con la «sabiduría apropiada», reconocemos que, incluso el aire que inhalamos –el aire interno–, «no es mío, esto no es mi yo, y este no soy yo. Cuando uno lo ve como realmente es…, se desilusiona con el elemento aire y consigue que la mente no se interese en el elemento aire».

Además –sigue diciendo el Buda–, de vez en cuando, el elemento aire externo se ve perturbado y barre «aldeas, pueblos, ciudades, distritos y países», tal como hacen los huracanes y tornados. En otras ocasiones, como en el último mes de la estación seca, la gente «busca el viento por medio de abanicos o fuelles, porque ni siquiera se mueven los flecos de las techumbres de paja».

Estos cambios estacionales en el aire exterior, que todos

hemos experimentado, demuestran de manera fehaciente que el elemento aire, «grande como es, también es transitorio y sujeto a destrucción, desaparición y cambio». Y lo mismo se aplica a los elementos de tierra, agua y calor, tanto dentro como fuera del cuerpo. Puesto que esto es así, el Buda se pregunta: «¿Y qué ocurre con este cuerpo, al que nos aferramos mediante el apego y que no perdura sino un corto periodo?». También nuestro cuerpo –nos recuerda– está compuesto de cuatro elementos, que siempre se ven sometidos a destrucción, desaparición o cambio. Por tanto, su conclusión es que «No podemos considerarlo como *yo*, *mío* o *yo soy*».

La respiración y los agregados

Como hemos visto en nuestra exposición sobre los cuatro elementos de la respiración, el mindfulness de la respiración es instructivo en muchas y muy importantes maneras. Si seguimos el ejemplo del Buda y utilizamos la respiración para examinar tal como es nuestro sistema mente-cuerpo, obtenemos una visión profunda de diferentes puntos esenciales del *Dhamma*. Como explica el Buda, «Todos los *dhammas* surgen de la atención». Entre estos, adquirimos un conocimiento directo de los cinco agregados (forma, sensación, percepción, pensamiento y consciencia) que constituyen los componentes tradicionales del cuerpo y la mente.

Veamos ahora brevemente los cinco agregados según se

aplican a la respiración. El cuerpo de la respiración y todos los demás objetos materiales, incluido el cuerpo físico, pertenecen al *agregado de la forma*. Ya hemos señalado que experimentamos el contacto de la respiración en la nariz, los pulmones y el abdomen, dado que la respiración asume una especie de forma o configuración. A cada momento, cambia la forma de la respiración, tal como podemos comprobar cuando enfocamos nuestra atención en la nariz o el abdomen.

Los otros cuatro agregados se aplican a nuestra experiencia mental. El *agregado de las sensaciones* se refiere a las sensaciones producidas por la respiración y las emociones que experimentamos como resultado. La ansiedad que experimentamos cuando sentimos que nuestros pulmones están vacíos y la sensación de alivio que se produce al inhalar pertenecen a este agregado. El siguiente es el *agregado de la percepción*. Somos capaces de utilizar la respiración como objeto de meditación solo porque nuestra mente la percibe.

El *agregado del pensamiento* contiene el resto de las actividades mentales, incluyendo ideas, opiniones y decisiones. El pensamiento «esta es la sensación de la respiración» y la decisión de prestar atención a la respiración pertenecen a este agregado. El último de los cinco agregados, el *agregado de la consciencia*, aporta el fundamento de toda experiencia mental. Nos damos cuenta de los cambios en los otros cuatro agregados debido al agregado de la consciencia. Pero la consciencia también cambia a medida que cambia la forma de la respiración, así como nuestras sensaciones, percepciones y pensamientos.

En el *sutta* sobre el mindfulness de la respiración, el Buda nos dice: «Consciente de la transitoriedad, inhalo; consciente de la transitoriedad, exhalo; consciente del desapasionamiento, inhalo; consciente del desapasionamiento, exhalo; consciente de la cesación, inhalo; consciente de la cesación, exhalo; consciente de la renuncia, inhalo; consciente de la renuncia, exhalo».

Cuando aplicamos las anteriores palabras a los agregados de la respiración, nos percatamos de que estos cinco pueden ser sintetizados en tres momentos muy pequeños: el momento de surgimiento, el momento de permanencia y el momento de desaparición. Y lo mismo ocurre con todo cuanto existe. Esta actividad nunca se detiene. Tal es la naturaleza de la transitoriedad. Formas, sensaciones, percepciones, pensamientos e incluso la consciencia misma, no permanecen, sino que cesan sin dejar rastro. Y, una vez que desaparecen, lo hacen para siempre. Siempre surgen nuevas formas, sensaciones, percepciones, pensamientos y consciencia. Observar estos cambios nos enseña el desapego y facilita que renunciemos al hábito de aferrarnos a cualquier faceta del cuerpo o la mente.

Paciencia y alegría

A continuación, sugiero una técnica básica para empezar la meditación del mindfulness de la respiración. Debemos dedicar tiempo a trabajar con la práctica y tratar de no ser impacientes o precipitarnos para experimentar algo nuevo, permitiendo que las cosas se desarrollen naturalmente.

En la actualidad, la gente es buena haciendo cosas muy rápidamente. Los ordenadores, el correo electrónico y los teléfonos móviles son muy veloces. Las lavadoras y las secadoras, las panificadoras y las cafeteras instantáneas nos permiten ahorrar tiempo. Sin embargo, son muchas las personas que no tienen tiempo para sonreír. No tienen tiempo para permitir que la alegría se desarrolle de forma natural.

Un día, un hombre que quería tomarme una foto me pidió que me relajara y que fuese natural. Cuando ya tenía la cámara preparada, me dijo:

—Bhante, sonría.

—Primero me pide que sea natural. Y ahora me pide que sonría —le dije.

Cuando algo nos resulta gracioso, la sonrisa ocurre de manera espontánea. También sonreímos cuando se disipan el estrés, la tensión y el miedo. Entonces nuestro rostro se vuelve tranquilo y pacífico, y sonreímos con el corazón sin mostrar los dientes. Esa es la clase de sonrisa que el Buda mostraba todo el tiempo.

A medida que vamos aquilatando más experiencia en el mindfulness de la respiración, superamos poco a poco la somnolencia, la inquietud y otros obstáculos para la concentración. Y, cuando nuestra concentración se profundiza, comenzamos a sonreír con nuestro corazón. No es difícil entender por qué sucede eso. Como hemos visto, la respiración forma parte del cuerpo. Una vez que relajamos la respiración, también el cuerpo se relaja. La respiración está libre de codicia, odio, engaño y miedo. Por eso, cuando la mente se unifica con la respiración, se libera provisionalmente de la codicia, el odio, el engaño y el miedo. Relajando la respiración, inhalamos. Relajando la respiración, exhalamos. Entonces la alegría surge por sí sola.

Con cada pequeño paso que damos en la meditación, también obtenemos un pequeño progreso en la visión profunda. Debemos, pues, practicar con paciencia, sin apresurarnos, permitiendo que se desplieguen las comprensiones. Consideremos la analogía de una gallina impaciente que pone unos cuantos huevos. Ella quiere ver a los polluelos romper el cascarón rápidamente, así que da la vuelta a los huevos muy a menudo para comprobarlo. Sin embargo, nunca consigue ver a los polluelos salir de los huevos. Otra gallina, en cambio, pone unos cuantos huevos y se sienta sobre ellos pacientemente. Cuando ha empollado bien los huevos, los polluelos rompen las cáscaras con sus pequeñas garras y piquitos. De ese modo, ¡esa gallina obtiene buenos resultados!

Puntos clave para la meditación en la respiración

- Ve a un lugar tranquilo donde estés solo y no seas molestado.
- Deposita la atención en el momento presente.
- Siéntate en una postura cómoda que permita que la parte

superior de tu cuerpo esté recta y relajada, erguida pero no tensa.

• Sitúa las manos sobre tu regazo, con las palmas vueltas hacia arriba, con la mano derecha encima de la izquierda y las puntas de ambos pulgares tocándose.

• Cierra los ojos o déjalos entreabiertos.

• Enfoca tu atención en la entrada y salida del aire.

• Para profundizar el mindfulness, intenta contar:
Inspira y espira. Di en silencio «uno».
Inspira y espira. Di en silencio «dos».
Inspira y espira. Di en silencio «tres».
Continúa así hasta diez.
Inspira y espira. Di en silencio «diez».
Inspira y espira. Di en silencio «nueve».
Inspira y espira. Di en silencio «ocho».
Continúa de ese modo hasta uno.

• Cuando completes una ronda de conteo, céntrate en tu objeto primario: respiración, sensación, pensamiento, elevación y caída, o consciencia.

• Si experimentas inquietud, agitación o duda, no intensifiques la distracción alimentándola. En lugar de eso, dite a ti mismo: «Debo recapacitar en cómo he empezado. He empezado con la respiración. No es difícil encontrar mi respiración». Respira varias veces rápidamente y luego devuelve tu atención a la respiración y su ritmo natural.

• Si tu mente se distrae del foco en la respiración, no te enfades. ¡El mero hecho de advertir que has estado pensando, soñando despierto o preocupándote es un logro maravilloso! De manera delicada pero firme devuelve tu atención a la respiración. Y vuelve a hacerlo de ese modo la próxima vez, y la próxima, y la próxima.

- Si experimentas somnolencia o embotamiento, intenta enfocarte con un poco más de esfuerzo en las sensaciones táctiles producidas por la inspiración y la espiración. Si el hecho de intensificar el foco no te ayuda, levántate y continúa meditando en una postura de pie durante unos minutos o intenta meditar paseando. Encontrarás instrucciones para ambas posturas en el siguiente capítulo.

- Si empiezas a sentir dolor, en primer lugar trata de abordar la situación. Afloja la ropa y revisa tu postura para asegurarte de que no estás encorvado. Cambia a una postura que te resulte más fácil de mantener (como se describe en el próximo capítulo). Si estos ajustes no te ayudan, entonces pasa a trabajar con el dolor en sí: intenta hacer de la sensación de dolor tu objeto de meditación. Observa la sensación y percibe cómo va cambiando con el tiempo.

- Si te surgen preguntas, pregúntale a alguien con más experiencia. Recuerda que millones de personas han utilizado esta práctica para conseguir mayor claridad y tranquilidad mental.

- Sigue practicando con paciencia.

2. Las cuatro posturas

Durante toda la noche, el venerable Ananda practicó los «cuatro fundamentos del mindfulness». Debido a que su atención plena era pura, aguda y poderosa, percibió que cada parte de su cuerpo, cada pequeño movimiento físico, sensación, percepción, pensamiento e incluso la consciencia es transitoria, insatisfactoria y carente de yo. Al amanecer, cuando se dispuso a acostarse, levantó un pie. En ese mismo instante, alcanzó la iluminación. Ciertamente, cuando la mente es perfectamente clara y la atención plena es poderosa, es posible alcanzar la iluminación rápidamente, incluso levantando un pie.

Podemos desarrollar el mindfulness prestando una atención completa a cualquier parte del cuerpo. Ya hemos visto de qué modo la atención a la respiración nos ayuda a estar más tranquilos y pacíficos y a obtener valiosas visiones profundas acerca del mensaje del Buda. Y lo mismo se aplica cuando nos centramos en las posturas y movimientos corporales.

En el *Sutta sobre los cuatro fundamentos del mindfulness*, el Buda explica de qué modo la atención plena a las cuatro posturas –sentado, de pie, caminando y acostado– profundiza nuestra consciencia. La mayoría de las veces hablamos de meditación sedente y caminando, pero no hablamos demasiado acerca de las posturas de pie y acostado. Puesto que todas las posturas son igualmente importantes, el Buda siempre menciona estas cuatro posturas en sus instrucciones referentes a la práctica del mindfulness.

El venerable Ananda no fue el único discípulo del Buda que alcanzó la iluminación a través del mindfulness a los movimientos físicos. El venerable Cakkhupala, otro de los seguidores del Buda, obtuvo la iluminación mientras caminaba de manera consciente. Más adelante, en este mismo capítulo, doy instrucciones completas referentes al paseo meditativo como práctica del mindfulness. Pero, antes, abordaremos la atención plena a la postura sedente.

Sentado

Cuando nos sentamos a meditar, adoptamos una determinada postura y luego hacemos una inspección de la forma del cuerpo, comprobando que la parte superior, la zona por encima de la cintura, esté recta y erguida. El cuerpo debe sostenerse sin rigidez y de manera relajada. Las manos descansan en el regazo, adoptando la forma de una taza, con las palmas vueltas hacia arriba y con la palma derecha situada sobre la izquierda y los pulgares tocándose entre sí. Los ojos están cerrados o medio abiertos, en especial si tenemos el problema de quedarnos dormidos. Pero ¿qué postura es la mejor para la meditación sedente?

Loto completo. En la introducción al *Sutta de los cuatro fundamentos del mindfulness*, tan solo se menciona la postura del loto completo. En esta posición, ambas rodillas tocan el suelo y las piernas se cruzan a la altura de la pantorrilla. El pie izquierdo reposa sobre el muslo derecho, y el pie derecho sobre el izquierdo. Las plantas de ambos pies están vueltas hacia arriba como los pétalos de un loto.

Cuando nos sentamos correctamente en esta postura, el cuerpo es muy estable. La columna vertebral está recta y los pulmones se expanden y contraen con suavidad. La circulación sanguínea es buena, al menos en la parte superior del cuerpo. Por lo general, cuando mente y cuerpo están relajados, es fácil quedarse dormido. Sin embargo, cuando nos sentamos en loto completo, nos dormimos con menos frecuencia porque el cuerpo permanece firmemente erguido.

La postura del loto completo no es sencilla para muchas personas. No obstante, cualquier habilidad que intentemos aprender puede ser difícil al principio. Por ejemplo, es muy probable que nos cayésemos muchas veces cuando aprendíamos a montar en bicicleta. Al repetir la misma actividad día tras día, poco a poco vamos adquiriendo mayor competencia. Para acostumbrarnos a permanecer sentados en loto completo, tratamos de mantener la postura durante un minuto cada día durante varios días. Pero no esperemos no experimentar dolor cuando estemos sentados. Pasados unos pocos días, aumentamos el tiempo un par de minutos y seguimos alargando el tiempo gradualmente día a día. Tengamos en cuenta que la postura no será perfecta inmediatamente.

Durante muchos años, me senté en la postura del medio loto que describo a continuación. Cuando ya tenía 65 años, un día pensé que debía probar el loto completo, y sostuve la postura durante solo cinco minutos. ¡Fue realmente doloroso! ¡Creía que la circulación de la sangre se cortaría en mis piernas, me las gangrenaría y necesitaría una amputación! Tan pronto como este pensamiento surgió en mi mente, cambié la postura y me senté en el medio loto como de costumbre. Pero, al día siguiente, lo intenté de nuevo. Esta vez fui capaz de permanecer sentado unos ocho minutos antes de que apareciese el dolor. Transcurridos diez minutos, el dolor se volvió insoportable. Sin embargo, en lugar de cambiar mi posición de inmediato, decidí permanecer sentado un poco más. Me había sentado en el medio loto a lo largo de cuarenta y cinco años, y ahora, en el plazo de tres semanas, era capaz de sentarme en el loto completo durante media hora.

Muchas personas sanas pueden aprender a sentarse en el loto completo si persisten en su empeño como yo lo hice. Sin embargo, las personas con problemas físicos no deben forzarse a sentarse en esta postura.

Medio loto. En esta postura, ambas rodillas tocan el suelo. Una pierna descansa en el suelo, apoyada desde la rodilla hasta el pie. El pie de la otra pierna reposa sobre la parte superior de la pantorrilla opuesta, con la planta vuelta hacia arriba. Muchas personas pueden desarrollar suficiente habilidad para sentarse en el medio loto siguiendo el mismo proceso gradual que he descrito antes.

Postura birmana. En esta postura, ambas piernas se encuentran apoyadas en el suelo desde la rodilla hasta el pie. La parte inferior de las piernas se sitúa en paralelo, con una pierna delante de la otra y sin cruzar los pies. Esta postura es razonablemente cómoda. La mayoría de las personas pueden aprender, sin demasiadas dificultades, a sentarse en esta posición.

Estilo fácil. El pie derecho se sitúa debajo de la rodilla izquierda, y el pie izquierdo debajo de la rodilla derecha. Muchas personas pueden permanecer sentadas en esta posición durante bastante tiempo.

Utilizar una banqueta de meditación. Si ninguna de estas posturas nos resulta cómoda, también es posible sentarse de rodillas utilizando una banqueta de meditación. Los pies se sitúan debajo de la banqueta con las rodillas apoyadas en el suelo. La banqueta cruza por encima de las espinillas, permitiendo que nos sentemos cómodamente en la posición arrodillada sin ejercer presión sobre los pies.

Sentarse en una silla. Algunas personas encuentran imposible sentarse con comodidad en cualquiera de las anteriores posturas. En ese caso, pueden sentarse en una silla, colocando los pies planos en el suelo cerca el uno del otro. En esta postura, la espalda debe estar recta, sin apoyarse en el respaldo de la silla.

Mindfulness al sentarse

Cuando estamos sentados, somos conscientes de las sensaciones producidas por la postura que hayamos elegido y de que dichas sensaciones cambian con el tiempo. De hecho, los cambios empiezan en el mismo momento en que el cuerpo entra en contacto con el cojín, la banqueta o la silla. Cuando el cuerpo toca algo, sentimos el contacto. A través de ese contacto percibimos la dureza o suavidad del asiento. Dureza y suavidad son características del elemento tierra. La sensación que surge del contacto con el asiento suele ser agradable al principio, pero, a medida que continúa, la sensación suele cambiar de agradable a neutra, desagradable e incluso dolorosa.

Cuando observamos esto, nos damos cuenta de que no hay nadie que controle estos cambios, sino que ocurren por sí solos. La mente desea permanecer tranquila y pacífica, experimentando el progreso de la meditación. A pesar de este deseo, las sensaciones de la postura cambian. Prestar atención a estos cambios nos recuerda que, al igual que nuestras sensaciones y percepciones, los cuatro elementos son transitorios.

Tras permanecer sentados un rato, sentimos el calor de nuestros glúteos y muslos. A medida que se difunde este calor, el asiento también se calienta. El calor de nuestro cuerpo y el calor del asiento no tardan en hacer que sintamos todo el cuerpo caliente. Cuando lo experimentamos, somos conscientes del elemento calor. En los días calurosos, podemos transpirar. El sudor surge a partir del elemento agua del cuerpo. Así pues, somos conscientes de este elemento. También experimentamos los movimientos asociados con el ciclo respiratorio, como la elevación y la caída del abdomen y el pecho. En ocasiones, sentimos gases intestinales. Estos movimientos nos hacen ser conscientes del elemento aire.

Para mantener cualquier postura sedente que hayamos adoptado, utilizamos la energía mental que surge de forma natural de nuestro conocimiento de que las cosas siempre están cambiando. En ausencia de este tipo de energía, nos encorvamos, nos quedamos dormidos o perdemos el equilibrio. Cuando observamos estos cambios, tratamos de no enfadarnos o sentirnos decepcionados. Por ejemplo, evitamos los pensamientos del tipo «¿Cómo puedo meditar cuando me duele?» y «¡Nunca seré capaz de sentarme en el loto completo!».

También somos conscientes de los cinco agregados. El cuerpo pertenece al agregado de la forma. Las sensaciones que surgen debido al contacto con el asiento se encuadran en el agregado de la sensación. A causa del agregado de la percepción, nuestra mente registra los cambios que ocurren. Los pensamientos que aparecen en relación con nuestra sesión, cuerpo, contactos, sentimientos y percepciones, así como la atención a lo que sucede, proceden del agregado del pensamiento. Y, por último, somos conscientes de todos estos fenómenos debido al agregado de la consciencia.

Asimismo, nos damos cuenta de que los cinco agregados cooperan entre sí. Cuando modificamos nuestra postura, cambian nuestras sensaciones, percepciones, pensamientos y consciencia. Ninguna entidad que exista de modo permanente hace que ocurran estos cambios. Los agregados no cambian de manera independiente o porque exista un *yo* que posibilite que ocurran dichos cambios, sino en dependencia los unos de los otros.

La mente no necesita observar de continuo un objeto para percibir la consumación de las tres fases del cambio: el momento de surgimiento, el momento cumbre y el momento de desaparición. Cuando el mindfulness y la concentración trabajan juntos, podemos percibir los innumerables cambios que ocurren simultáneamente. El mindfulness profundo arroja luz sobre la naturaleza inconfundible de estos cambios. Y las posturas sedentes son el mejor modo de alcanzar esta visión profunda.

De pie

Podemos proseguir nuestra meditación en una postura de pie. Así pues, nos levantamos del asiento despacio y de manera consciente. Observamos de qué modo la actividad mental genera suficiente energía física para elevar el cuerpo desde su posición sentada.

Cuando estamos de pie, relajamos el cuerpo y las manos. El cuerpo está recto, los pies paralelos y la columna vertebral erguida, lo mismo que cuando estábamos sentados. Respiramos de manera consciente. Prestamos atención a la sensación de la postura y al contacto de los pies con el suelo. No permitimos todavía que el cuerpo se mueva, sino que nos damos cuenta de manera relajada de nuestra respiración, sensaciones y consciencia.

Observamos de qué modo la sensación de la postura de pie cambia de cómoda, pasando por neutra, hasta tornarse incómoda. Advertimos también cómo se transforma nuestra percepción de estas sensaciones. Cuando aparecen pensamientos respecto al cuerpo, las sensaciones y las percepciones, los percibimos con atención, lo cual es también un pensamiento. Vemos cómo cambian los pensamientos. Prestamos atención a nuestra percepción consciente de estos cambios. De ese modo, mientras estamos de pie, somos conscientes de los cinco agregados y de los cambios que se producen en ellos.

Somos conscientes de que todo lo que experimentamos es transitorio, insatisfactorio y carente de yo. Nuestra percepción de estos factores nos recuerda que «Esto no es *mío*, esto no soy *yo*, no soy *yo mismo*». Nos damos cuenta de que quien está de pie no es un ser especial en nuestro interior, ni tampoco un ser externo. En su lugar, la posición de pie ocurre dependiendo de diferentes causas y condiciones. Una de ellas es nuestra intención de levantarnos y permanecer de pie. La intención, a su vez, es causada por otro factor. En un momento previo, la postura sentada nos resultó incómoda y, para aliviar dicha incomodidad, surgió el impulso de levantarnos.

Mantener el cuerpo en la postura de pie requiere energía. Cuando nuestra energía es baja, no podemos permanecer de pie, como todos habremos experimentado en algún momento. La mente genera energía a través de la intención. Esa energía es un aspecto del elemento aire originado en nuestra actividad mental. También cobramos consciencia del elemento aire a través de la respiración que entra y sale del cuerpo.

Asimismo, somos conscientes de los otros elementos. Los huesos y músculos que nos sostienen en posición vertical pertenecen al elemento tierra. También experimentamos el elemento tierra en el contacto de nuestros pies con el suelo. Cuando estamos de pie en un lugar fijo durante unos minutos, la fricción entre los pies y el suelo hace que ese lugar se caliente, y entonces sentimos el elemento calor bajo nuestros pies. También percibimos el elemento agua en forma de transpiración. De este modo, los cuatro elementos trabajan juntos de manera fluida y dependiente.

Al mismo tiempo, tenemos que permanecer alerta y no quedarnos dormidos. Aunque habitualmente podemos permanecer de pie, cuando somos conscientes, nos damos cuenta de todo lo que implica estar de pie. Este darse cuenta es a lo que se refiere el Buda cuando señala: «Cuando está de pie, sabe que está de pie». Aunque incluso los niños y los animales saben estar de pie, no entienden completamente cómo ocurre.

Nos quedamos de pie durante uno, dos, tres minutos, o el

tiempo que nos sintamos cómodos en esta posición. Nos levantamos mientras respiramos. Cuando estamos de pie, seguimos respirando. Nunca dejamos de percibir la respiración.

Caminar

Desde la postura de pie, si lo decidimos, podemos empezar a llevar a cabo el paseo meditativo. El mindfulness nos ayuda a darnos cuenta de que caminar es realmente una secuencia compuesta de nueve acciones:

1. Empezamos quedándonos de pie un par de minutos, relajando las manos y el cuerpo, y centrándonos en nuestra respiración.
2. Levantamos el talón de un pie; por ejemplo, el izquierdo.
3. Apoyamos el pie izquierdo sobre los dedos. Somos conscientes del contacto de los dedos de los pies con el suelo y de las sensaciones que surgen de ese contacto. Observamos cómo cambia la sensación a medida que cambia el contacto.
4. Levantamos el pie izquierdo.
5. Desplazamos el pie izquierdo hacia delante. Nos damos cuenta de que, cuando levantamos el talón del pie izquierdo, deja de existir la sensación que teníamos mientras estábamos parados. De igual modo, cuando apoyamos el pie izquierdo sobre los dedos, deja de exis-

tir la sensación que teníamos al levantar el talón. Ahora aparecen nuevas sensaciones a medida que levantamos todo el pie y lo desplazamos hacia delante. Pensamientos como «esto es el pie; esto es el movimiento; esto es el movimiento hacia delante; esto es el cambio» surgen, permanecen brevemente y desaparecen. Hasta que el pie izquierdo se sitúa en el suelo, se asienta firmemente y equilibramos el cuerpo con el pie derecho. Si dejamos de prestar atención, perdemos el equilibrio.

6. Se detiene el movimiento hacia delante del pie izquierdo.
7. Bajamos el pie izquierdo.
8. Tocamos el suelo con el pie izquierdo.
9. Por último, presionamos el pie izquierdo contra el suelo.
10. Entonces el ciclo de movimientos, sensaciones, percepciones y pensamientos comienza de nuevo con el otro pie.

Para percibir estos cambios minúsculos, debemos andar despacio. Cuando nuestros movimientos son deliberados y pausados, podemos observar en detalle cada aspecto del caminar. Andar despacio se parece a una repetición a cámara lenta en un partido de fútbol. Aunque los espectadores tal vez no vean una falta en el campo, puesto que los jugadores se mueven a toda velocidad, ver la repetición ralentiza la acción y permite al árbitro tomar la decisión correcta.

De igual manera, cuando andamos con nuestro ritmo acelerado habitual, es difícil observar lo que realmente sucede. El paseo lento y consciente brinda a la mente la oportunidad de darse cuenta de cada pequeño cambio en la posición corporal y en el resto de agregados que se alteran a consecuencia de ello. Mientras estamos sentados, es relativamente más fácil advertir estas diferencias, dado que el cuerpo permanece inmóvil.

Solo a través de la consciencia atenta podemos percibir que, cada vez que avanzamos un pie, surge un nuevo contacto, sensación, pensamiento, percepción y atención, y que desaparece el viejo contacto, sensación, pensamiento, percepción y atención. Quizá no seamos conscientes de todas estas cosas la primera vez que empezamos a practicar el paseo meditativo, pero, gracias al entrenamiento gradual, podremos percibir al menos algunas de las cosas que tienen lugar.

Mindfulness del caminar

Andamos lentamente no solo para observar los detalles de los movimientos, sino también para percibir lo que sucede en nuestra mente. El propósito del paseo meditativo no es entrenar el cuerpo, sino, a través de la actividad física del caminar, entrenar la mente.

Por esta razón, aunque seamos conscientes de cada movimiento mientras caminamos, no verbalizamos silenciosamente lo que observamos. Las palabras se interponen entre nuestra consciencia mental y lo que está sucediendo. Por otra parte, son demasiadas las cosas que suceden de forma simultánea para poder ser nombradas. Y algunas de esas cosas son tan sutiles que tampoco encontraremos palabras para verbalizarlas, o bien podemos percibir algunas cosas por vez primera.

Por ejemplo, aunque observamos los movimientos de nuestros pies, no tenemos que decir «izquierda, derecha, izquierda, derecha», como en una marcha militar. Tampoco debemos repetir «levantar, levantar, levantar» cuando alzamos cada pie, sino que nos limitamos a darnos cuenta de estos movimientos directamente y sin utilizar palabras. Lo mismo se aplica a los cambios que tienen lugar en nuestras sensaciones, percepciones, pensamientos y consciencia. Nos damos cuenta de ellos sin repetir «cambio, cambio, cambio». Cuando las actividades corporales no intencionales discurren con suavidad, estamos adiestrando la mente para que sea más paciente y desarrolle un mindfulness más profundo.

Sin embargo, es posible que tengamos que verbalizar algunos pensamientos y emociones, en especial aquellos que nos impiden enfocarnos en lo que está sucediendo. Si aparece un pensamiento o una emoción como la codicia, la ira, el engaño, los celos, el miedo o la preocupación, utilizamos el mindfulness para eliminarlo lo antes posible. Por ejemplo, si surge la ira, le prestamos atención. Pero si no desaparece por sí sola, pensamos con palabras para tratar de descubrir la causa de nuestro enfado. Es como mantener una conversación en silencio. Dado que somos conscientes, tenemos cuidado de no culpabilizar a nadie, es decir, ni a nosotros mismos ni a ninguna otra persona.

Mientras caminamos, también somos conscientes de la respiración. La coordinación de la respiración con el movimiento de los pies solo es posible si no verbalizamos cada evento. La atención nos permite darnos cuenta de que la respiración entra y sale mientras los pies se mueven al unísono. Más adelante proporciono instrucciones detalladas para practicar el paseo meditativo en coordinación con la respiración.

Lo que aprendemos

Es sorprendente que, mientras hacemos algo, como caminar, que solemos dar por garantizado, podamos entrenarnos a percibir toda esa cantidad de actividades del cuerpo y la mente. Estas actividades nunca cesan, sino que han estado presentes y cambiando continuamente desde el momento en que fuimos concebidos. Observar los pequeños cambios que ocurren a cada paso nos ayuda a darnos cuenta de que el cuerpo, la mente y todo lo demás son inevitablemente transitorios.

También vemos que caminar es una acción que surge de manera interdependiente y que está compuesta de muchas otras acciones y eventos conectados. La intención de caminar surge a la velocidad del rayo. Con dicha intención, levantamos el talón. El movimiento del pie se produce tan rápido que, si no prestamos la debida atención, es fácil pasarlo por alto. Así pues, nos damos cuenta de que intención y atención parecen suceder de manera simultánea.

De igual modo, es difícil advertir la intención al margen de movimientos físicos como levantar el talón. Todo sucede tan rápido como la luz que se enciende al accionar el interruptor. Sin embargo, la atención nos permite aprender a apreciar la diferencia entre la intención y la acción resultante. De manera muy lenta y consciente, nos percatamos de la intención de inhalar, de la intención de exhalar, de la intención de levantar un pie, de la intención de desplazarlo hacia delante, y así sucesivamente. La mente no divaga porque está totalmente ocupada observando todo esto.

Cuando somos conscientes del caminar tal como es realmente, también es más fácil entender que no hay un yo o alma que esté caminando. Toda esta actividad no es posibilitada por un ser permanente que habite en nuestro interior, sino que surge de manera interdependiente debido a causas y condiciones que podemos entrenarnos a percibir.

Puntos clave para el paseo meditativo

Si bien podemos practicar el paseo meditativo en cualquier sitio, lo mejor es hacerlo en un lugar privado. Asegúrate de que haya suficiente espacio para poder desplazarte en línea recta de cinco a diez pasos por lo menos. Aunque esta es la distancia mínima, lo ideal es que la distancia que camines sea mucho más larga; algunos centros de meditación tienen senderos de diez metros de longitud.

- Empieza en la postura de pie. Céntrate en la respiración.
- Inhala y levanta el talón de un pie.
- Exhala y descansa el pie sobre los dedos.
- Inhala mientras levantas ese pie y lo mueves hacia delante.
- Exhala mientras bajas ese pie y toca el suelo.
- Repite esta misma secuencia con el otro pie.
- Tras caminar entre cinco y diez pasos, descansa en la posición de pie durante un minuto, date la vuelta, permanece de pie de nuevo durante otro minuto y repite la secuencia caminando de vuelta hasta el punto de partida.
- Mientras caminas, mantén la cabeza alta y el cuello relajado. Muévete despacio y de manera natural. Mantén los ojos abiertos para no perder el equilibrio, pero evita mirar ninguna cosa en particular.
- Esfuérzate en ser tan consciente como puedas de todos los cambios que ocurren en tu cuerpo y en tu mente.
- Una vez que hayas entendido la técnica de caminar lentamente, puedes acelerar un poco. Pero no andes demasiado rápido. Un buen ritmo es una inhalación y una exhalación por cada paso. Inspira mientras levantas el talón de un pie, apoyándolo sobre sus dedos, levantando todo el pie y desplazándolo hacia delante. Luego te detienes. Mientras espiras, el pie desciende, toca el suelo y ejerce presión contra el suelo. De nuevo te detienes. Repite la secuencia con el otro pie. Transcurrido un tiempo, la respiración y el movimiento de los pies se vuelven casi automáticos.

Acostado

Cuando la mente y el cuerpo están relajados, como durante la meditación sedente, es fácil quedarse dormido. ¡Imagina entonces lo fácil que es dormirse mientras meditas en un posición horizontal!

Sin embargo, recomiendo esta postura en determinadas circunstancias. Obviamente, las personas que están tan enfermas que no pueden sentarse sin experimentar dolor pueden acostarse boca arriba, con los brazos y las piernas extendidos, y meditar utilizando la respiración como foco principal. La postura yacente también puede ser útil para las personas que tienen dificultades para dormir debido a una sinusitis o cualquier otro problema doloroso. Pueden encontrar algo de alivio recostándose sobre su espalda y meditando en cómo surgen, permanecen y desaparecen las incómodas sensaciones que experimentan. Mientras se enfocan en la transitoriedad de las sensaciones, deben tener cuidado de evitar los sentimientos de resentimiento o depresión.

Durante muchos años, he tenido dificultades para conciliar el sueño debido a problemas de sinusitis. Lo que hago es acostarme boca arriba y meditar sobre la transitoriedad de las sensaciones y, en diez o quince minutos, me quedo dormido. Por último, incluso las personas que no tienen problemas físicos pueden beneficiarse de la práctica de la meditación del mindfulness en la respiración mientras están acostadas en la cama, antes de dormir.

Como en cualquier otra postura, es importante que, cuando estamos acostados, seamos conscientes de que estamos acostados. Recordamos cómo ha surgido la intención de acostarse y que la mente ha generado la energía necesaria para hacerlo. Prestamos atención al elemento tierra que se manifiesta en el contacto entre el cuerpo y el lecho, al elemento calor cuando este surja, así como a los elementos agua y aire.

Mientras permanecemos acostados, como ocurre en cada postura que hemos explicado, utilizamos la atención para fortalecer la consciencia de que los cinco agregados son transitorios, insatisfactorios y carentes de yo. Aplicamos el mindfulness a todo lo que ocurre como un amortiguador contra la ira, el resentimiento, la lujuria, los celos, el miedo, la tensión y cualquier otro pensamiento y emoción insana. Por supuesto, no es fácil mantener durante mucho tiempo la consciencia clara de que estamos acostados, porque esta es la postura que utilizamos generalmente para dormir. Pero, hasta que nos quedemos dormidos, debemos permanecer conscientes.

Y, tal como hicieron Ananda y muchos otros seguidores del Buda, podemos esforzarnos, en cada postura, para tratar de generar una atención plena que sea tan pura, aguda y poderosa que nos acerque a la liberación.

3. Comprensión clara

Cuando el Buda explicaba el significado del dominio, uno de los aspectos de la comprensión clara, relató la siguiente historia:

–Hay, *bhikkhus*, en el Himalaya, el rey de las montañas, lugares escabrosos, inaccesibles, donde ni los monos ni los seres humanos se adentran. Hay también lugares escabrosos, inaccesibles, donde los monos se adentran, pero los humanos no. Hay asimismo lugares deliciosos y llanos, frecuentados tanto por monos como por humanos. Allí, en los lugares que visitan los monos, los cazadores colocan recipientes untados con resina pegajosa.

»El mono que no es estúpido ve el recipiente de lejos y lo evita. Pero el mono estúpido agarra el recipiente con la mano y se queda pegado en él. Pensando: "Liberaré mi mano", el mono agarra el recipiente con su otra mano. Pensando: "Liberaré ambas manos", agarra el recipiente con el pie. Pensando: "Liberaré mis dos manos y mi pie", lo agarra con el otro pie. Pensando: "Liberaré las manos y los pies", aplica también su hocico al recipiente.

»Entonces el mono empieza a gritar, atrapado por cinco puntos. Se ha encontrado con la calamidad y el desastre, y ha quedado a merced de los deseos del cazador. Así pues, *bhikkhus*, cuando uno se aventura fuera de su propio dominio en el dominio de otros...

»¿Cuál es el dominio de otros? Son las cinco cuerdas del placer sensual...

»¿Y cuál es, *bhikkhus*, nuestro propio dominio? Son los "cuatro fundamentos del mindfulness"».

Esta historia ilustra un elemento esencial del mensaje del Buda: cada calamidad o desastre que experimentamos se inicia en nuestras propias acciones imprudentes. Si queremos poner fin a nuestro sufrimiento, debemos observar cuidadosamente las actividades de nuestro propio cuerpo y mente. Este es el laboratorio donde debemos trabajar muy duro.

Dotados de las herramientas del mindfulness y de la comprensión clara, investigamos nuestro cuerpo, sensaciones, percepciones, pensamientos y consciencia, aunque no como lo haría un biólogo, un químico o un patólogo, sino más profundamente, como un meditador cuyos objetivos son la ética, el desarrollo espiritual y la visión profunda. En cada actividad, ya sea que estemos sentados, de pie, caminando, acostados, hablando, comiendo o meditando, el mindfulness y la comprensión clara cooperan para ayudarnos a ver que cualquier cosa que experimentamos es temporal y, por tanto, nunca puede aportarnos satisfacción permanente. Además, aunque creamos que entendemos perfectamente lo que ocurre, a menudo estamos confundidos y engañados.

Entonces, ¿qué es la comprensión clara?

Tradicionalmente, esta presenta cuatro aspectos: propósito, idoneidad, dominio y no engaño. En esencia, *propósito* significa que existen buenas razones para que nos impliquemos en una actividad. *Idoneidad* quiere decir que la actividad cumple dicho propósito. *Dominio*, como hemos visto en la historia del mono imprudente, significa que la actividad se desarrolla dentro de unos límites apropiados. Por último, el *no engaño* supone que, mientras llevamos a cabo la actividad, investigamos si entendemos claramente lo que en verdad está sucediendo.

Propósito. Cuando hacemos algo, tenemos, por lo general, un propósito en mente. Vamos a una tienda concreta para comprar un artículo que nos hace falta. Nos reunimos con alguien para hacer negocios, conversar o compartir una comida. Pero, cuando llevamos a cabo la meditación mindfulness, nuestro propósito no es ordinario, como ir al supermercado o a la oficina. Por el contrario, nuestro objetivo es algo muy específico y sumamente especial. Según el Buda, practicamos la meditación para:

- Purificar la mente.
- Superar el sufrimiento y la lamentación.
- Poner fin al desconsuelo y la desesperación.
- Avanzar por el sendero que conduce a la liberación.
- Alcanzar la liberación y el final del sufrimiento.

Veamos cada uno de estos puntos para entender lo que quiere decir el Buda.

Purificar la mente. El primer propósito de la meditación es la purificación. La atención plena poderosa se puede comparar con un detergente. Así como debemos lavar un plato sucio antes de poder utilizarlo para comer alimentos sanos, debemos limpiar los estados mentales impuros, como el odio, la codicia y el engaño, antes de poder desarrollar estados puros, como la generosidad, el amor-amistad y la sabiduría.

El Buda compara este proceso con lo que sucede cuando teñimos una tela: «Oh, *bhikkhus*, al igual que, cuando se tiñe de azul, amarillo o rojo una tela impura y manchada, esta adquiere una mala tonalidad y un color impuro porque la tela es impura y está manchada, de la misma manera, cuando la mente está contaminada, solo podemos esperar cosechar un mal estado. Así como cuando un paño puro y sin manchar se tiñe de azul, amarillo o rojo, adquiere un color puro y un tono brillante, si la mente es pura, podemos esperar un buen estado de ánimo». Como afirma el *sutta*, cuando la mente del cabeza de familia Upali había sido purificada para que estuviese dispuesta, receptiva, exultante y confiada, el Buda le enseñó las «cuatro nobles verdades»:

> Así como un paño limpio del que se han eliminado todos los rastros será teñido de manera uniforme, así también, mientras el cabeza de familia Upali se hallaba aquí sentado, surgió en él la impecable e inmaculada visión del *Dhamma*.

Entre los estados impuros que manchan la mente se incluyen la ira, la avidez, los celos, la duda escéptica hacia el *Dhamma*, el egoísmo, la terquedad y la negligencia. El mindfulness y la comprensión clara nos ayudan a eliminar estos hábitos mentales insanos y a reemplazarlos por el conocimiento del sendero del Buda y la claridad acerca de lo que debemos hacer, o no hacer, para avanzar a lo largo de dicho sendero.

Superar el sufrimiento y la lamentación. No meditamos para llorar o caer en la lamentación. Cuando surgen emociones aflictivas, utilizamos el mindfulness para encontrar el motivo. Y, a menudo, constatamos que nuestra infelicidad arraiga en el apego a alguna persona, posición, lugar o cosa. Cuando investigamos con cuidado, descubrimos: «Estoy apegado porque he olvidado que todo es transitorio y creo de manera insensata que el objeto de mi apego me reportará seguridad, placer o felicidad permanente».

En otras ocasiones, lloramos porque recordamos acontecimientos tristes o traumáticos, o bien el sufrimiento de otras personas. En este caso, lo que hacemos es tratar de emular el ejemplo del Buda. Aunque percibió con toda claridad el sufrimiento de miles de millones de seres, nunca derramó una sola lágrima, puesto que sabía que su dolor no podía hacer nada para aliviar el sufrimiento de aquellos. En su lugar, cultivó una atención plena inquebrantable y una ecuanimidad perfecta.

Desde un estado de equilibrio emocional, podemos percibir más fácilmente que las experiencias tristes del pasado ya han dejado de estar presentes. Además, cualquier cosa a la que estemos apegados hoy definitivamente terminará desapareciendo, sin previo aviso y sin que podamos hacer nada al respecto. Y lo mismo ocurre con las alegrías y los sufrimientos de nuestros semejantes. Sabiendo esto, nuestro sufrimiento y nuestra lamentación se desvanecen poco a poco. Entrenarse para afrontar esta realidad es el segundo propósito de la meditación del mindfulness.

Poner fin al desconsuelo y la desesperación. El desconsuelo y la desesperación son más persistentes que el sufrimiento y la lamentación, por lo que requieren un mayor esfuerzo para ser superados. A veces, si bien intentamos calmar la mente por medio de la meditación, no podemos eludir estas emociones. Aunque queremos olvidarlas y deseamos sinceramente no detenernos en ellas, siguen apareciendo.

Para ponerles fin, utilizamos el mismo entrenamiento mental que he descrito antes. Contemplamos la naturaleza transitoria de todo cuanto existe. Todas las experiencias pasadas ya han quedado atrás. Nada de lo que tenemos ahora puede proporcionarnos satisfacción para siempre. Todos nuestros seres queridos, todas las situaciones atractivas y todos los momentos agradables desaparecerán algún día. Nada de lo que hagamos impedirá que sucedan estos cambios. Estos pensamientos nos ayudan a ver que nuestra desesperación tiene un «origen dependiente», es decir, depende para su existencia de causas y condiciones que surgen, permanecen por un tiempo y luego desaparecen. Cuando utilizamos el mindfulness para entrenar la mente a aceptar esta realidad, estas emociones también se desvanecen poco a poco.

Avanzar por el sendero que conduce a la liberación. La cuarta razón para practicar el mindfulness es seguir el «noble óctuple sendero» del Buda, el único camino seguro a la liberación del dolor, la lamentación, el desconsuelo y la desesperación. Explico más cosas acerca de este óctuple sendero en la sección referente al mindfulness del *dhamma*, pero, en síntesis, estos ocho pasos constituyen una guía completa para llevar una vida basada en la comprensión, el pensamiento, la palabra, la acción, el sustento, el esfuerzo, el mindfulness y la concentración correctos.

En el contexto de los propósitos especiales de la meditación, es importante reconocer que es imposible separar la práctica de la atención plena y el sendero del Buda que conduce a la liberación. Aunque algunas personas puedan decir que el *vipassana* y la meditación de la visión profunda no tienen nada que ver con el budismo, esto no es cierto. A medida que nuestra práctica se profundiza y la mente se vuelve cada vez más pura y limpia, no podemos dejar de percibir la conexión existente entre la meditación y cada uno de los pasos que componen el «noble óctuple sendero» del Buda.

Alcanzar la liberación y el final del sufrimiento. El propósito último de la meditación es liberarnos del sufrimiento interminable de esta vida y de las vidas futuras. La liberación es la meta suprema de la meditación de la atención plena; todo lo demás tiene un carácter periférico y efímero. Un practicante serio alberga en su mente este propósito en todo momento, ya sea sentado, caminando, de pie, comiendo, bebiendo, hablando, observando el silencio, duchándose o ¡utilizando el baño!

Mantener presente el elevado objetivo de nuestra práctica de la comprensión clara impide que terminen desviándonos nuestras preocupaciones triviales. Discutir si algún aspecto superficial de nuestra práctica es o no adecuado, nos hace perder el tiempo y nos distrae de nuestro auténtico propósito. Puesto que nuestra meta es nada menos que la liberación y el final del sufrimiento, debemos evitar las pegajosas trampas de la confusión y enfocarnos en el objetivo supremo de la práctica. Cuando así lo hacemos, nuestra práctica del mindfulness rinde frutos muy rápidamente.

Idoneidad

El segundo aspecto de la comprensión clara es asegurarse de que nuestras actividades son éticamente sanas y adecuadas para alcanzar nuestros objetivos espirituales. Elegimos un trabajo que nos brinde tiempo suficiente para meditar y evitamos asociarnos con individuos que se hagan daño a sí mismos o a otros. Practicamos la palabra correcta y nos abstenemos de las conversaciones que interfieren en nuestra capacidad de concentración. Tomamos las decisiones adecuadas para llevar un estilo de vida sano, como comer moderadamente y no dormir en exceso.

También nos aseguramos de que nuestra práctica meditativa se adapte perfectamente a nuestro temperamento. Si solemos sentirnos inquietos o muy activos, seleccionamos una práctica pacífica que calme nuestra mente, como sentarnos a meditar y contar respiraciones. Por el contrario, si tendemos a sentirnos somnolientos y aletargados, llevamos a cabo una práctica que despierte nuestra energía, como el paseo meditativo. También tenemos que evaluar continuamente si nuestra práctica funciona bien, preguntándonos, por ejemplo: «¿Estoy realmente concentrado y desarrollando la visión profunda, o simplemente dormitando en el cojín?».

De igual modo, seleccionamos temas de contemplación que contribuyan a superar los hábitos mentales insanos. Por ejemplo, una persona atormentada por la envidia puede tratar de comprobar si reflexionar en la generosidad (es decir, dar con las manos abiertas y sin esperar nada a cambio) o en la alegría apreciativa (regocijarse de la buena fortuna de los demás) es la manera más eficaz de contrarrestar la envidia. Puesto que nuestro tiempo es limitado y nuestro objetivo espiritual es elevado, debemos utilizar el buen juicio y ser selectivos. Como dijo el Buda: «No ejerzas tu esfuerzo de manera indiscriminada».

Dominio

El tercer aspecto de la comprensión clara es la práctica del pensamiento correcto para permanecer dentro de los límites apropiados, es decir, dentro de nuestro propio dominio o campo. Permitir la divagación de la mente por «lugares atractivos» es peligroso, como ilustra la historia de la trampa del mono, recogida al principio de este capítulo. Si el mono imprudente hubiese permanecido dentro de su propio dominio, no se habría visto tentado por el tarro pegajoso, ni habría quedado atrapado por cinco puntos y atado por las cinco cuerdas de placer sensual.

¿Qué son esos puntos y cuáles esas cuerdas? Son los cinco tipos de consciencia sensorial y sus cinco objetos deseables: formas bellas y cognoscibles por el ojo, sonidos agradables y cognoscibles por el oído, olores atrayentes y cognoscibles por la nariz, sabores atrayentes y cognoscibles por la lengua, y texturas agradables y cognoscibles por el cuerpo.

Si mientras meditamos, la mente se distrae, devolvemos el foco a los cinco agregados tal como los experimentamos en el momento presente, es decir, postura corporal, sensaciones, percepciones, pensamientos y consciencia. Estos son los campos apropiados de los «cuatro fundamentos del mindfulness». Por ejemplo, si aparece un pensamiento relacionado con un objeto atractivo, reflexionamos en él sin entrar en excesivos detalles. Y ya sea masculino o femenino, hermoso o feo, seductor o perturbador, evitamos las reacciones emocionales y los comentarios mentales o verbales. Tan solo pensamos que se trata de un objeto transitorio. Y hacemos lo mismo con cualquier otra visión, sonido, olor, sabor, textura y pensamiento.

Como el Buda advirtió a sus seguidores: «Monjes, sed islas para vosotros mismos; sed un refugio para vosotros mismos, sin ningún otro refugio. Permitid que el *Dhamma* sea vuestra isla […], tras haber abandonado el anhelo y la preocupación por el mundo».

No engaño

La cuarta comprensión clara es el no engaño. Este aspecto es más difícil de entender. Como hemos advertido, nos engañamos cuando pensamos que los objetos de apego nos aportarán felicidad y satisfacción duraderas. También nos engañamos al creer que siempre nos sentiremos enfadados con la gente y las situaciones que provocan nuestros sentimientos de ira. Sin embargo, es más difícil ver que estos engaños aparecen debido a una fuente de confusión más profunda y problemática: la noción de un yo que existe de modo permanente.

En un nivel convencional, es cierto que *yo* me dedico a numerosas actividades, como caminar en una u otra dirección, comer, beber, dormir, vestirme, hablar y permanecer en silencio. También es cierto que *yo* experimento emociones, percibo sensaciones y participo en muchas otras actividades con el cuerpo y la mente. Sin embargo, tal como nos revela la meditación del mindfulness, ninguna de estas actividades tiene lugar de modo independiente. Más bien, todas las cosas y todos los seres que existen dependen de una amplia variedad de causas y condiciones simultáneas que advienen a la existencia, se hacen presentes y luego desaparecen.

Puesto que todo surge de manera interdependiente, ningún yo o alma separada hace que suceda una actividad como caminar, como vemos muy claramente cuando practicamos el paseo meditativo. De la misma manera, no hay ninguna parte del cuerpo o de la mente que sea *yo* de un modo inherente y ninguna posesión o persona que sea *mía* de manera permanente. Nuestros sentimientos de apego y rechazo empiezan a desvanecerse cuando reconocemos que no existe un *yo* independiente que sienta apego por él o esté enfadado con *ella*.

Utilizamos términos como *yo*, *nosotros*, *uno mismo*, *alma*, *tú*, *mí*, *él*, *ella*, *suyo o suya* para facilitar la comprensión. Se trata de palabras convencionales acuñadas por los seres humanos para posibilitar la comunicación, pero que sean útiles no significa que se refieran a alguna cosa independiente e inmutable que podamos encontrar en el mundo.

La visión profunda de esta inconfundible verdad acerca de la realidad se conoce en el budismo como «vacuidad del yo» o *sunnata*. La comprensión clara de esta verdad emerge a partir de nuestra experiencia meditativa acumulada al observar lo que realmente sucede momento a momento en nuestro cuerpo y mente. Cuando llegamos a ver que todo, incluyéndonos a nosotros mismos, es transitorio, insatisfactorio y carente de yo, alcanzamos la comprensión clara del no engaño.

Mindfulness perdido y recuperado

Otra faceta de la comprensión clara del no engaño tiene un carácter muy inmediato y práctico. A veces, cuando practicamos el mindfulness, nos engañamos con pensamientos ingenuos y estúpidos. Por ejemplo, digamos que estamos practicando el paseo meditativo, y que, de repente, nos damos cuenta de que han pasado veinte minutos y hemos caminado tres o cuatro kilómetros sin prestar atención y sin una comprensión clara. ¡Entonces se nos puede ocurrir que debemos regresar al punto donde perdimos nuestro mindfulness para recuperarlo!

Ese pensamiento es engañoso. ¿Es el mindfulness algo tangible que podemos abandonar en cierto momento y lugar para luego regresar a recuperarlo? El mindfulness es un estado mental, y una vez que se pierde dicho estado mental, ya no podemos recuperarlo. El mindfulness que hemos perdido se ha marchado para siempre. Sencillamente nos hemos distraído. Es probable que no recordemos qué nos distrajo o dónde y cuándo ocurrió eso. En lugar de retornar a un punto imaginario en el tiempo y el espacio, en el momento en que recordamos que hemos perdido el mindfulness, debemos empezar de nuevo a prestar atención.

Lo mismo se aplica a cada circunstancia en la que perdemos el mindfulness. Supongamos que un monje que practica la atención plena come un alimento y después cae en la cuenta de que no ha comido de manera consciente. No puede recuperar la comida que ya ha consumido y empezar de nuevo aplicando el mindfulness. La solución más sensata en su caso es seguir comiendo, a partir de ese mismo instante, con mayor diligencia y atención. (Por cierto, más adelante en este capítulo, explico más acerca de comer de manera consciente.)

También podemos perder y encontrar nuestro mindfulness de una manera más sutil. A veces, cuando practicamos mindfulness, de repente experimentamos un sentimiento de calma y paz. Entonces se nos puede ocurrir que este sentimiento de calma y paz es el yo. Tan pronto como surja este pensamiento, debemos ser conscientes de él. Cuando somos conscientes, nos damos cuenta de que el sentimiento de paz y tranquilidad también cambia y termina desapareciendo, mostrando de ese modo su naturaleza transitoria. A medida que desaparece, la noción del yo también se desvanece. Así es como abordamos el engaño de la existencia del yo y practicamos la comprensión clara del no engaño.

No debemos olvidar que cobrar consciencia de que hemos perdido nuestro mindfulness también *es* mindfulness. Admitir que no hemos sido conscientes es una manera honesta y sincera de practicar la atención plena. Si aparecen el arrepentimiento o la vergüenza, nos damos cuenta de estos estados mentales sin culpabilizarnos ni reprendernos a nosotros mismos. Incluso el mindfulness es transitorio. Ser consciente de la transitoriedad del mindfulness es, en sí mismo, mindfulness. Entender esta verdad es una comprensión clara del no engaño.

Comprensión clara en la vida cotidiana

Cultivamos la comprensión clara permaneciendo atentos no solo cuando meditamos, sino también en la vida diaria, durante todo tipo de actividades físicas, verbales y mentales. El Buda no necesitaba ejercer ningún esfuerzo especial para prestar atención, y su comprensión también era naturalmente clara. Llevaba a cabo cada acción –caminar, hablar, agacharse, sentarse, vestirse, comer y beber– con atención plena y comprensión clara.

Como nos dice un *sutta*, la atención plena del Buda es como el cuello de un elefante. Siempre está conectado a la cabeza del elefante, que es un símbolo de sabiduría. Así como el elefante protege su cuello vulnerable del ataque de un león utilizando su enorme cuerpo, el Buda mantenía su atención plena utilizando la comprensión clara, la moralidad, la concentración, la sabiduría, la liberación y el conocimiento de la liberación, es decir, las cualidades de su cuerpo de iluminación. El Buda nos aconsejó seguir su ejemplo y llevar a cabo todas nuestras actividades con atención plena y comprensión clara.

Tenemos que comer, beber, vestirnos y hacer ejercicio para mantenernos sanos. Necesitamos dormir y cobijarnos. Sin embargo, aplicamos la comprensión clara para protegernos del apego a estas necesidades y para evitar la codicia, el odio, el engaño, la competencia, los celos y el orgullo. Por ejemplo, algunas personas utilizan la ropa para hacer ostentación de su riqueza o belleza, lo que fomenta el orgullo y el apego a la noción del yo. En cambio, cuando se visten, los monjes y monjas se entrenan para pensar: «Llevo esta ropa para proteger este cuerpo del frío, el calor, los mosquitos, el viento y el sol, y para cubrir mi desnudez». De la misma manera, cuando se acuestan a dormir, piensan: «Utilizo este refugio y este lecho para mantener este cuerpo alejado del frío, el calor, los mosquitos, el viento y el sol, para librarme del cansancio y para conseguir que el cuerpo se sienta cómodo». De este modo tan sencillo, purificamos la mente y empezamos a liberarla de la codicia y de otros estados insanos.

La comprensión clara y el mindfulness también nos ayudan a adoptar decisiones positivas respecto a todas las actividades imaginables. Por ejemplo, en cierta ocasión alguien me preguntó:

—¿Puedo utilizar mi arma con comprensión clara para disparar a un ciervo?

—No —le respondí.

—¿Por qué no? —insistió esa persona.

Así pues, pasé a explicarle lo siguiente.

—El Buda —le dije— dividió los pensamientos en dos categorías: sanos e insanos. Cuando vio que los pensamientos insanos no eran adecuados para alcanzar el objetivo de la liberación, los abandonó. Cuando vio que los pensamientos sanos eran adecuados para alcanzar dicho objetivo, los cultivó.

»En el mismo momento en que aparece el pensamiento de un arma, la persona que practica el mindfulness se percata de que cualquier arma es un instrumento de crueldad. Las armas le recuerdan la violencia, el odio, la codicia y el engaño. La violencia engendra violencia. El odio engendra odio. La codicia engendra codicia. El engaño engendra engaño.

»Entonces piensa, "He sufrido a causa de estos pensamientos dañinos durante mucho tiempo. Ahora estoy tratando de librarme de mi codicia, odio y engaño a través de la práctica del mindfulness".

Aplicamos el mismo tipo de razonamiento al resto de las actividades de cuerpo, palabra y mente. Hacerlo así es la manera correcta de practicar la comprensión clara.

Comprensión clara al comer

Ahora bien, ¿cómo practicamos la comprensión clara al comer y beber, morder, masticar, tragar y saborear? En primer lugar, para recordarnos a nosotros mismos el propósito adecuado de comer, recitamos a la hora de la comida: «Con atenta reflexión, no ingiero este alimento por diversión, ni para intoxicarme, ni por mor de la belleza y el atractivo físico, sino tan solo por la resistencia y la continuidad de este cuerpo, para terminar con la incomodidad y para contribuir a la vida santa, considerando que, de ese modo, terminaré con los viejas sensaciones sin despertar nuevas sensaciones. Estaré más sano, seré más puro y disfrutaré de mayor bienestar».

Así pues, mientras comemos, observamos algunas sencillas disciplinas que refuerzan nuestro mindfulness. Debemos comer muy despacio, acercando lentamente las manos al plato y tomando la comida de manera pausada. También somos conscientes de lo que ocurre en la mente. Si aparece la codicia, porque la comida es muy sabrosa, comprendemos claramente la codicia y nos decimos a nosotros mismos: «¡Debo ser cuidadoso! De acuerdo, esta comida es deliciosa, pero todas mis acciones deben estar en consonancia con mis objetivos espirituales. No seré avaricioso ni comeré en exceso». Por supuesto, evitamos la comida basura por los mismos motivos conscientes.

De igual manera, cuando bebemos líquidos calientes o fríos, pensamos: «Tomo esta bebida de manera reflexiva y atenta para vencer el malestar causado por la sed, evitar enfermedades y mantener la salud de este cuerpo».

Las monjas y los monjes se entrenan para observar treinta reglas concernientes a comer y beber sin perder la comprensión clara. A continuación se presentan algunas pautas, inspiradas en estas reglas, que cualquier persona puede utilizar para practicar el mindfulness al comer y beber.

Puntos clave para comer de manera consciente

- Me entreno para elegir bebidas y alimentos sanos y nutritivos.
- Me entreno para comer moderadamente y evitar la comida basura.

- Me entreno para observar mi mente al comer y evitar la codicia, el odio y el engaño.
- Me entreno para no llenar demasiado mi cuenco o plato.
- Me entreno para aceptar, sin ser quisquilloso, cualquier comida que se me ofrezca o esté disponible.
- Me entreno para no mirar la comida de los demás de modo crítico o con envidia.
- Me entreno para mover las manos despacio.
- Me entreno para no abrir la boca antes de que la comida llegue a ella.
- Me entreno para no llenar mi boca de comida.
- Me entreno para no hablar cuando tengo comida en la boca.
- Me entreno para no desparramar la comida o desperdiciarla.
- Me entreno para no hacer sonidos al sorber o chasquear los labios.
- Me entreno para no chuparme los dedos.

4. Partes y elementos

Un joven monje, estudiante del venerable Sariputta, uno de los *bhikkhus* más antiguos del Buda, se sentía perturbado por el deseo sexual, Sariputta le instruyó para que se dirigiese al bosque a meditar sobre las impurezas del cuerpo. A pesar de sus esfuerzos devotos, el monje constató que su deseo no hacía sino aumentar. Así pues, Sariputta lo llevó a ver al Buda.

El Buda entonces le dio un lirio al joven monje y le dijo que concentrara su mente en el color brillante de la flor. Utilizando este método, el monje alcanzó estados avanzados de concentración.

Debido a que estaba muy satisfecho con el Buda y la meditación que le había indicado, el joven monje desarrolló un tremendo apego al Buda y, mientras se concentraba, recordaba el hermoso, radiante, sereno y majestuoso cuerpo del Buda, su dulce voz y su rostro sabio.

De repente, la imagen del Buda apareció en su mente, y escuchó su voz diciéndole:

Destruye el apego al yo,
como si sostuvieses un lirio otoñal en tu puño.

Cultiva el camino hacia la paz,

el nirvana [*nibbana*] enseñado por el Bienaventurado.

Cuando abrió los ojos, el joven monje vio que el hermoso lirio, una vez tan brillante, fresco y vivo, se había marchitado.

Así pues, meditó sobre la transitoriedad de la belleza, la frescura y la vida del lirio. Reflexionando en que su propio cuerpo hermoso, joven, sano y fuerte envejecería y se marchitaría, tal como le había ocurrido a la flor, alcanzó la liberación del apego a su cuerpo, sensaciones, percepciones, pensamientos y consciencia.

Cuando nos miramos en el espejo, normalmente nos sentimos orgullosos de aquellas partes de nuestro cuerpo que nos resultan atractivas o hermosas, y disgustados con las que nos parecen viejas o poco atractivas. Son los juicios de este tipo los que nos llevan a apegarnos a las partes que nos agradan, como nuestro cabello brillante, y a rechazar las que no nos gustan, como nuestros dientes torcidos.

En el presente capítulo, nos centraremos en aprender a percibir el cuerpo de manera distinta. Por medio del mindfulness, nos entrenamos para percibir el cuerpo, con ecuanimidad, como una colección de treinta y dos partes, pero no solo las partes externas que podemos observar en el espejo, sino también las partes internas, como huesos, hígado y sangre. Como podemos constatar, estas partes son sólidas, como el elemento tierra, o líquidas, como el elemento agua. Y, como el resto de los objetos materiales, cada una de esas partes se

halla sometida a un continuo cambio. De hecho, todas ellas
son tan transitorias como el «lirio otoñal» en la visión que el
joven monje tuvo del Buda.

En términos prácticos, la meditación acerca de las partes
y elementos del cuerpo abre la mente a aceptar nuestro cuerpo tal como es ahora mismo, más allá de nuestras reacciones
emocionales habituales. Nos ayuda a vencer el orgullo y el
rechazo hacia nosotros mismos y a contemplar nuestro cuerpo
con la mente equilibrada de la ecuanimidad. El Buda brindó
un ejemplo para ilustrar este punto:

> Supongamos que hay una bolsa llena de diferentes tipos de
> grano: arroz, arroz de montaña, arroz con cáscara, lentejas,
> guisantes verdes, cebada, semillas de sésamo y semillas de
> mostaza. Cuando un hombre con buena vista mira dentro de la
> bolsa, identifica los diversos granos, diciendo: «Esto es arroz,
> arroz de montaña, arroz con cáscara, lentejas, guisantes verdes,
> cebada, semilla de sésamo y semilla de mostaza». Pero no
> dice: «Esto es cebada. Aborrezco la cebada». Tampoco dice:
> «Esto es sésamo. Me encanta el sésamo».

El entrenamiento del mindfulness nos permite ver con claridad,
como el hombre dotado de buena visión, y constatar que, dado
que cada parte del cuerpo es susceptible de enfermedades, lesiones y muerte, ninguna de ellas puede brindarnos satisfacción
permanente. Y lo que es incluso más importante, también nos
percatamos de que no hay, en ninguna de parte del cuerpo o

la mente, un ser o persona que podamos identificar como el *yo*. A partir de ello aprendemos que el cuerpo carece de yo. Teniendo en mente el ejemplo proporcionado por el Buda, podríamos llamar a este método de meditación «ir contra la corriente», puesto que va contra nuestra manera ordinaria de percibir el cuerpo.

Tenemos que abordar con cautela este tema de meditación, ya que, sin la debida atención, la meditación en nuestro propio cuerpo o en los cuerpos de otras personas puede generar apego, como le sucedió al discípulo de Sariputta. Si no somos conscientes, también pueden aparecer otras emociones como el rechazo e incluso el odio. Nuestra intención debe ser contemplar sin distorsión las partes del cuerpo tal como son, sabiendo que no son ni hermosas ni feas, sino simplemente piezas de un proceso en constante cambio.

Las primeras cinco partes

Tradicionalmente, el cuerpo se divide en treinta y dos partes. Ofrecemos la lista completa, un poco más adelante, en este mismo capítulo. Para empezar, enfocamos nuestra atención tan solo en cinco partes: pelo de la cabeza, vello corporal, uñas, dientes y piel. Empezamos con estas partes porque son muy llamativas; cuando nos encontramos con una persona, son lo que primero llama nuestra atención. También invertimos mucho dinero para adornar y embellecer estas partes. Teñimos el color de nuestro cabello, blanqueamos nuestros dientes y adquirimos tratamientos faciales para sentirnos más atractivos, pero también, quizá, para engañar a otras personas sobre nuestra apariencia real.

Podemos utilizar fácilmente estas cinco partes para representar todo el cuerpo, ya que cualquier otra zona corporal que consideremos se ubica entre el pelo de la cabeza y las uñas de los dedos. La contemplación consciente de incluso una sola de estas partes puede ser suficiente para que algunas personas alcancen la visión profunda. Así, por ejemplo, cuando reflexionamos con comprensión clara sobre nuestro cabello, vemos que siempre está cambiando. Aplicamos este conocimiento al resto de las partes del cuerpo, reconociendo que lo que les sucede a las partes visibles también les ocurre a las invisibles.

He aquí algunos procedimientos para empezar a meditar de manera consciente en las primeras cinco partes:

Pelo de la cabeza. Dado que el cabello es tan visible y se halla tan presente en nuestra mente, es fácil percibir los cambios que se producen en él día a día y año tras año. El lunes, nuestro cabello puede estar suave y hermoso, pero el martes, si no lo hemos lavado, ¡puede estar grasiento o incluso oler! Con los años, el cabello cambia aún más. Nuestro pelo castaño oscuro se vuelve canoso o blanco, o se cae y, prematuramente, queda a la vista nuestro cuero cabelludo.

Podemos profundizar esta comprensión reparando en lo

fácil que es que cambie nuestra actitud hacia los cambios en el cabello, dependiendo de cómo esté. ¿Tiene sentido estar orgullosos de tener pelo en la cabeza y que, sin embargo, tiremos un plato entero de sopa si encontramos un pelo en él? Por otro lado, aunque encontrar un pelo en nuestra comida nos parezca repugnante, el cabello también puede ser utilizado para propósitos sagrados. Según la leyenda, una princesa conocida como Hemamala escondió el diente del Buda en su moño para llevarlo a Sri Lanka sin que nadie se lo robase. Cuando reflexionamos en la naturaleza del cabello con comprensión clara, no importa si el pelo está en la cabeza o en el plato de sopa o bien esconde una reliquia sagrada: nuestra actitud hacia él siempre es la misma.

Vello corporal. Nuestra actitud hacia el vello corporal es igualmente voluble. Un hombre puede sentirse orgulloso de su barba, cortándola, dándole forma, dejándola crecer y afeitándosela para hacerla más atractiva. Pero esa misma barba sería repulsiva si estuviese separada del cuerpo. Las mujeres también invierten mucho tiempo y dinero modificando la forma de sus cejas y eliminando el vello corporal no deseado. Teniendo en cuenta estos puntos, reconocemos: «El vello es solo vello. Ya sea que esté o no en el cuerpo, carece de significado por sí mismo. Además, el vello corporal no es *mío*. No soy *yo* y no es mi yo. Es tan transitorio como todo lo demás en este cuerpo y mente. Desaparece. Está vacío».

Uñas. Siempre y cuando las uñas estén en los dedos de las manos y de los pies, resultan atractivas. Algunas personas las pintan con colores vistosos para mejorar su apariencia. Las uñas son útiles porque protegen los dedos de los pies y las puntas de los dedos de las manos. Sin embargo, una vez cortadas, ¡las uñas de los pies no son, ciertamente, demasiado hermosas! Las uñas de los dedos de las manos recogen la suciedad cuando trabajamos con las manos, así como piel muerta cuando nos rascamos la cabeza, las plantas de los pies o las orejas. A medida que envejecemos, las uñas jóvenes, fuertes y de aspecto saludable se vuelven viejas, amarillentas y quebradizas. Los hongos, las uñas encarnadas y otras afecciones son una fuente de dolor y sufrimiento. Reflexionando en las uñas de esta manera, reconocemos que son transitorias e insatisfactorias. No son *yo* y no son mi yo.

Dientes. Los dientes son más útiles que el cabello, el vello y las uñas. Estamos muy contentos cuando nuestra dentadura es fuerte y sana. Sin embargo, los dientes también pueden hacernos muy infelices. Son muchas las personas que tienen miedo de acudir al dentista. Podemos recordar fácilmente la última vez que nos sentamos en el sillón del dentista para que nos extrajera un diente. Una vez que el diente es extraído, no importa cuán útil, fuerte y hermoso fuese, porque se vuelve feo e inútil. Y, aunque el dentista nos pone el diente en la palma de la mano, no queremos llevárnoslo a casa. Como cualquier otra parte del cuerpo, los dientes son provisionales e insatisfactorios. Aunque una vez estuvo en *mi* boca, un diente no soy *yo*.

Piel. La piel puede ser un signo de belleza, pero solo si es de cierto color y no está arrugada. ¡Por supuesto, el color que se considera hermoso cambia dependiendo del lugar en el que vivamos! La piel también es muy útil. Experimentamos dureza, suavidad, rugosidad y suavidad debido a la información que recibimos a través de la piel. También regula la temperatura corporal. Cuando sentimos calor, la piel se expande, mientras el cuerpo se enfría mediante la transpiración que fluye por ella. El contacto piel a piel es tan importante para los bebés recién nacidos, que pueden llegar a fallecer si no reciben dicho contacto.

Pero la piel también es fuente de sufrimiento. Los sarpullidos y otras enfermedades cutáneas nos hacen sentir sumamente incómodos. A pesar de los cosméticos y de los tratamientos para cuidar la piel, esta se arruga, cuelga y se oscurece a medida que vamos envejeciendo. Cada día, nuestra piel se seca y muere. ¡El polvo de nuestro hogar está lleno de piel muerta! Asimismo, hay muchas personas que padecen discriminación a causa del color de su piel.

Teniendo en cuenta estos puntos, concluimos: «Como cualquier otra parte del cuerpo, la piel no es hermosa ni lo contrario. Aunque es útil, también es causa de sufrimiento. En consecuencia, es transitoria e insatisfactoria. No es *mía*. *Yo* no soy esto. Este no es mi yo».

Mindfulness de las treinta y dos partes

Las partes del cuerpo que hemos considerado hasta ahora son las primeras cinco de un conjunto de treinta y dos. Tradicionalmente se dividen en grupos. Las primeras veinte partes se encuadran en el elemento de tierra del cuerpo y se subdividen en cuatro grupos de cinco. Las siguientes doce partes pertenecen al elemento agua y se subdividen en dos grupos de seis.

Lo que sigue es la división tradicional. A continuación, sugiero un método para abordar la meditación del mindfulness de las treinta y dos partes del cuerpo.

Veinte partes pertenecientes al elemento tierra del cuerpo:
- Cabello, vello corporal, uñas, dientes, piel.
- Carne, tendones, huesos, médula ósea, riñones.
- Corazón, hígado, diafragma, bazo, pulmones.
- Intestino grueso, intestino delgado, contenido del estómago, heces, cerebro.

Doce partes pertenecientes al elemento agua del cuerpo:
- Bilis, flema, pus, sangre, sudor, grasa.
- Lágrimas, linfa, saliva, mucosidad, líquido sinovial, orina.

Puntos clave para la meditación en las treinta y dos partes del cuerpo

Meditar en las partes del cuerpo puede ayudarnos a cuidar de nosotros mismos cuando las cosas van mal. A veces es posible acelerar la curación enfocando nuestra mente en la zona enferma para enviarle compuestos químicos corporales beneficiosos. Pero, para lograrlo, se requiere una atención, concentración y visualización muy poderosas, algo que esta meditación contribuye a desarrollar. Otro beneficio derivado es que, cuando comprendemos cuál es la verdadera naturaleza del cuerpo, deja de perturbarnos el pensamiento de la muerte.

- Empieza la meditación cultivando la amistad amorosa hacia todos los seres.
- Recuerda que tu intención al meditar en las treinta y dos partes del cuerpo es vencer el orgullo y el rechazo que te suscita tu propio cuerpo, así como la atracción y el rechazo que te despiertan los cuerpos ajenos. Lo que quieres es contemplar todos los cuerpos y sus diferentes partes con la mente equilibrada de la ecuanimidad.
- Medita en las primeras cinco partes pertenecientes al elemento tierra, utilizando para ello pensamientos similares a los que he sugerido antes. Insiste en estas cinco partes hasta que estén muy claras en tu mente.
- Luego medita en las siguientes cinco partes, contemplándolas de la misma manera. Por ejemplo, recuerda lo im-

portantes que son tus huesos. Ellos te mantienen erguido cuando estás de pie y hacen posible que camines y lleves a cabo el resto de las actividades físicas. Sin embargo, los huesos también pueden ser fuente de sufrimiento, como cuando nos rompemos un brazo o una pierna.

- Luego combina los dos primeros grupos y medita en las diez primeras partes. Sigue añadiendo otros grupos hasta completar las veinte partes del cuerpo pertenecientes al elemento tierra.

- Ten en cuenta que el mero hecho de repetir los nombres de las diferentes partes del cuerpo no es de ninguna utilidad. Utiliza tu imaginación para visualizar aquellas partes que se hallan ocultas bajo la piel. Aborda cada una de ellas con pensamientos similares a los que has utilizado para las cinco primeras.

- Añade después el primer grupo de las seis partes líquidas del cuerpo y medita en ellas hasta que estén claras en tu mente. Por último, añade el restante grupo de seis.

- Cuando medites en las últimas doce partes, recuerda que ninguna de ellas te hace sentir especialmente orgulloso o te ayuda a causar una buena impresión en los demás. Sin embargo, como el resto de las otras partes del cuerpo, las partes líquidas son esenciales y útiles.

- Recordar este punto nos ayuda a superar la repugnancia. Si alguna parte no está clara para nosotros, la dejamos estar por el momento y nos concentramos en las partes que estén más claras. Una vez que hayamos establecido la atención en las partes más claras, regresamos a las partes más nebulosas y meditamos en ellas hasta que también nos queden claras.

- El tiempo que debes meditar en cada parte o grupo es variable. Algunas personas tardan más tiempo que otras en alcanzar la atención plena y la comprensión clara.

- Recuerda que tu objetivo es reconocer que cada una de las treinta y dos partes del cuerpo es transitoria. Debido a que está sujeta a crecimiento, decadencia, enfermedad y muerte, no puede proporcionar satisfacción duradera. Por último, reconoces que cada una de ellas «no es *mía*, ni *yo*, ni mi yo».

Mindfulness de los elementos del cuerpo

Ya hemos mencionado los cuatro elementos –tierra, agua, calor y aire– en relación con el mindfulness de la respiración y las posturas corporales. Como he explicado, las treinta y dos partes del cuerpo se subdividen entre el elemento tierra y el elemento agua. Las partes conectadas con ambos elementos son tangibles, lo que facilita su uso para desarrollar el mindfulness. Aunque el elemento calor y el elemento aire son más difíciles de visualizar, meditar en estos elementos es también importante para desarrollar la atención plena al cuerpo, puesto que son responsables de procesos vitales esenciales como la digestión y la circulación.

Los elementos del cuerpo no son simplemente bloques de construcción, como las partículas estudiadas por los físicos. Cuando los agregados del cuerpo se adhieren a los elementos, el cuerpo existe como un ser vivo que respira. Quizá un ejemplo ayude a aclarar este punto.

Supongamos que un carnicero sacrifica un cerdo y lo secciona en cuatro partes. Cuando vende la carne, el carnicero ya no tiene el concepto de un cerdo, sino que simplemente está vendiendo jamón, tocino, paleta o cualquier otra parte. Antes de que el cerdo se convirtiese en carne, era un ser vivo dotado de forma, sensaciones, percepciones, quizá algunos pensamientos y consciencia. Estos agregados estaban ligados a los elementos. Pero, cuando el cerdo deja de estar vivo, solo quedan los cuatro elementos.

Lo mismo ocurre con los seres humanos. Cuando estamos vivos, los agregados están ligados a los elementos. Cada actividad –pensar, respirar, percibir, querer y ser consciente de innumerables cosas– surge dependiendo de la combinación de agregados y elementos. Las sensaciones, percepciones, pensamientos y consciencia de esta vida desaparecen con este cuerpo. En ausencia de estos agregados, el cuerpo es como un tronco o una roca. Todo cuanto resta son los elementos.

Reflexionando de esta manera, es fácil ver que no existe diferencia alguna entre los elementos internos y externos del cuerpo. Ambos son transitorios, insatisfactorios y carentes de yo. Pero veamos más de cerca los cuatro elementos para ayudarnos a desarrollar una consciencia más profunda del cuerpo y de sus procesos.

Tierra. El elemento tierra ocupa el espacio. Es duro o blando. Puede expandirse y contraerse. Es visible, tangible y perceptible. Tiene forma, tamaño y color. Eso es todo lo que podemos conocer del elemento tierra. Aunque podemos ver un cuerpo, no podemos percibir el elemento tierra de manera independiente dentro de ese cuerpo.

Como el resto de los elementos, el elemento tierra es transitorio. Sin importar lo grande, fuerte, vistoso o poderoso que sea, el elemento tierra siempre está cambiando. No hay manera de detener este proceso natural. Sin embargo, nadie puede hacer desaparecer el elemento tierra. Pensemos ahora en el planeta Tierra: podemos orinar en él, defecar, escupir, excavarlo, tirar basura en él o limpiarlo. A pesar de ello, el elemento tierra no se siente decepcionado ni satisfecho con nosotros. Continúa cambiando a su manera, siguiendo su propio ritmo, sin preocuparse por lo que le hacemos. Sin embargo, debemos emular al elemento tierra de una manera importante: tenemos que ser tan firmes como la tierra en nuestra determinación de desarrollar el mindfulness.

Cuando meditamos de manera consciente en el elemento tierra en relación con una de las partes del cuerpo, sentimos el toque de la dureza o la suavidad, de la expansión o la contracción. Esta sensación puede ser, a su vez, placentera, dolorosa o neutra. Mientras prestamos atención a una determinada sensación, esta se desvanece y surge otra sensación. Este proceso se repite una y otra vez. Pero, si no nos identificamos con ninguna de ellas, estas sensaciones desaparecen, dejando una simple consciencia. Entonces nos sentimos tranquilos y pacíficos, sin reaccionar emocionalmente y disfrutando de la ecuanimidad.

Agua. El elemento agua es líquido y blando. Fluye en dirección descendente. Todas las partes del cuerpo necesitan agua para sobrevivir, como todos los seres vivos. El agua se caracteriza por la cohesión. Las sustancias en polvo, como el cemento y la arena, no se cohesionan a menos que se les añada agua. Debido a esta cualidad, el elemento agua en el cuerpo no puede ser totalmente separado del resto de los elementos. Cuando el agua predomina en una determinada parte, decimos que pertenece al elemento agua. No obstante, la saliva, la sangre y otras partes líquidas del cuerpo contienen también los elementos tierra, calor y aire.

El agua es lo suficientemente poderosa como para inundar las ciudades y penetrar hasta en las rocas más sólidas. Cuando se aprovecha esta energía, es capaz de cortar el acero y de producir electricidad. Emulamos el elemento agua cuando aprovechamos nuestra concentración para penetrar en un tema de meditación, tal como una parte del cuerpo, y reconocemos su transitoriedad, insatisfacción y ausencia de yo. El agua también limpia las impurezas, así como la meditación limpia y purifica la mente. Pero el flujo de agua también puede ser blando y delicado. Cuando meditamos, debemos ser tan flexibles como el agua para adaptarnos sin quejas al medio ambiente, y fluir con las personas y las situaciones sin fricciones y sin comprometer nuestros principios morales y éticos y nuestro mindfulness al tratar con personas inmorales, poco éticas e inconscientes.

Cuando aplicamos el mindfulness al elemento agua, sentimos la humedad que penetra en el elemento tierra. Esta sensación puede ser placentera, dolorosa o neutra. Si no nos identificamos con ellas, estas sensaciones se desvanecen. Permanecemos entonces en un estado tranquilo y pacífico de ecuanimidad sin reacciones emocionales.

Calor. Aunque ninguna de las treinta y dos partes del cuerpo pertenece al elemento calor, el cuerpo necesita la proporción correcta de calor para mantener una buena salud. El calor digiere los alimentos, mantiene la temperatura corporal y hace que el cuerpo crezca. Experimentamos el elemento calor cuando sentimos calidez, radiación o una sensación ardiente en alguna parte del cuerpo.

El calor es extremadamente útil. Usamos fuego para cocinar y caldear nuestros hogares. El fuego también quema la basura y otras cosas innecesarias, de igual modo que nos servimos de la meditación para quemar las impurezas de la mente. Pero el fuego también puede ser peligroso y destructivo, puesto que sigue ardiendo hasta que lo reduce todo a cenizas. De igual manera que apagamos un peligroso fuego externo con agua, cuando el fuego interno de la codicia, la lujuria o la ira amenaza con destruir nuestra paz mental, aplicamos el mindfulness y la concentración para extinguirlo.

Cuando meditamos en el elemento calor, sentimos el contacto del calor moderado, el exceso de calor, o ninguno de ambos. Esta sensación puede ser placentera, dolorosa o neutra. Si no nos identificamos con ellas, estas sensaciones desaparecen, dejando tras de sí tan solo consciencia, paz y ecuanimidad.

Aire. La función del elemento aire del cuerpo es la oscilación y el movimiento. El aire ocupa todos los espacios que hay en el cuerpo. Se mueve, al respirar, dentro y fuera de las fosas nasales; se desplaza en el interior de pulmones, estómago e intestinos; hace circular la sangre y otras sustancias; y sale del cuerpo cuando eructamos o expulsamos gases.

El elemento del aire externo es sumamente útil. Refresca el cuerpo como una brisa suave y elimina el polvo. Mientras el Buda observaba el mundo buscando gente que escuchara sus enseñanzas, pensó: «Hay personas que tienen un poco de polvo en sus ojos. Al entrar en contacto con el aire fresco de *Dhamma*, limpiarán el polvo de sus ojos y verán la verdad». Meditamos con el objetivo de soplar el polvo de las impurezas mentales. Como dijo el Buda a su hijo Rahula: «Medita como el aire».

Cuando meditamos de manera consciente en el elemento aire, sentimos el contacto del aire suave, del exceso de aire o ninguno de ambos. Esta sensación puede ser placentera, dolorosa o neutra. A medida que prestamos atención a esta sensación específica, nos damos cuenta de que se desvanece y de que entonces surge otra sensación. Si no nos identificamos con ninguna de ellas, estas sensaciones desaparecen, dejando solo consciencia y ecuanimidad. Permanecemos entonces tranquilos y en paz.

Cuando meditamos en las treinta y dos partes del cuerpo, consideramos también sus conexiones con los cuatro elementos. Por ejemplo, recordamos que la sangre limpia el cuerpo de desechos porque fluye como el agua y se mueve como el aire. Al meditar en las partes y elementos, tenemos presente que cada parte y cada elemento son transitorios, insatisfactorios y carentes de yo. Como dijo el Buda en el *sutta* sobre los elementos:

> *Bhikkhus*, «yo soy» es un concepto; «yo soy esto» es un concepto; «yo seré» es un concepto; «yo no seré» es un concepto; «yo poseeré forma» es un concepto; «yo seré sin forma» es un concepto [...]. Al superar todos los conceptos, *bhikkhu*, a uno se le llama sabio en paz. Y el sabio en paz no nace, no envejece, no muere, no se perturba y no se agita. No hay nada presente en él por lo que pueda nacer. No habiendo nacido, ¿cómo podría envejecer? No envejeciendo, ¿cómo podría morir? No muriendo, ¿cómo podría verse perturbado? No viéndose perturbado, ¿por qué iba a estar agitado?

El conocimiento profundo de esta verdad pone fin a nuestro sufrimiento.

5. Muerte y transitoriedad

En cierta ocasión, el Buda hablaba con su discípulo Ananda
acerca de las causas de la muerte y le preguntó:

–Si no hubiese absolutamente ningún tipo de nacimiento en
ninguna parte, es decir, de dioses en el estado de dioses, de seres
celestiales en el estado de seres celestiales, de espíritus, demonios,
seres humanos, cuadrúpedos, criaturas aladas y reptiles, cada
uno en su propio estado; si no hubiese nacimiento de seres de
ningún tipo en ningún estado, entonces, en ausencia completa
de nacimiento, ¿discerniríamos la vejez y la muerte?

–Ciertamente no, venerable señor –replicó Ananda.

–Por tanto, Ananda, es evidente que hay una sola causa,
fuente, origen y condición para la vejez y la muerte, esto es,
¡el nacimiento!

Nacemos para morir. La vejez y la muerte son nuestro regalo
de cumpleaños. Como enseñó el Buda, la causa de la muerte
es muy simple: ¡es el nacimiento! No necesitamos, pues, buscar ninguna otra causa, ya que vivimos con esa causa dentro
de nosotros. Por eso, cultivamos el mindfulness de la muerte

y la transitoriedad para aprender a aceptar esta realidad tal como es.

Aceptar la inevitabilidad de la muerte es más sano, emocional y espiritualmente, que vivir en el engaño. El Buda dijo: «Los seres sujetos a la muerte a menudo desean "¡Que la muerte nunca me alcance!"». Pero desear la vida no puede detener la muerte. Puesto que esto es así, el Buda nos enseña a meditar en la muerte –e incluso a utilizar un cadáver como objeto de contemplación– para acostumbrarnos a afrontar, sin temor ni supersticiones, nuestra propia mortalidad.

Se dice que, si existiese un mundo en el que la gente viviera durante mil años, ningún *Buda* aparecería en ese mundo, porque sus habitantes serían incapaces de aprehender el significado de la transitoriedad. Incluso en nuestro propio mundo, en el que muy pocas personas alcanzan la edad de cien años, es difícil tener presente la inevitabilidad de la muerte. La persona que disfruta de buena salud hasta bien entrada su vejez puede sentirse orgullosa de su longevidad y olvidar su naturaleza mortal. Pero, si es consciente de la inevitabilidad de la muerte, se mostrará menos arrogante y le será más fácil perdonar los errores de los demás.

No debemos esperar hasta la vejez, o hasta que descubramos que la muerte está cerca, para prepararnos para ella. Practicar la atención plena a la muerte es la mejor manera de vencer el miedo y de prepararse para una muerte pacífica. De hecho, la atención plena es, como afirma el *sutta*, la única forma en que la muerte puede ser derrotada:

La atención plena es el camino a la inmortalidad,
la negligencia es el camino a la muerte.
Los que permanecen atentos no mueren,
los negligentes es como si ya estuviesen muertos.

Tres tipos de muerte

Todo lo que adviene a la existencia debido a causas y condiciones es transitorio. Dado que nacemos como resultado de causas y condiciones, también nosotros somos transitorios. Cuando entendemos bien la transitoriedad, entendemos bien la muerte. Como ya hemos comentado, todo cuanto existe tiene tres momentos: un momento de surgimiento, un momento de vida o apogeo y un momento de cesación. Cada célula de nuestro cuerpo físico, cada sensación, percepción, pensamiento e incluso la consciencia misma, surge, alcanza la madurez y luego desaparece. Esta es la naturaleza de todas las cosas condicionadas.

El Buda nos enseñó a distinguir tres tipos de muerte: muerte momentánea, muerte convencional y muerte eterna. La *muerte momentánea* es el tipo de muerte que ocurre a cada momento. Por ejemplo, las células físicas que componen el cuerpo siempre están muriendo. Los biólogos afirman que nuestros huesos producen 2,5 millones de glóbulos rojos cada segundo para reemplazar a las células muertas. Al mismo tiempo, nuestras sensaciones, percepciones, pensamientos y consciencia también están muriendo, y surgen para sustituirlas nuevas sensaciones, percepciones, pensamientos y consciencia. Los procesos mentales cambian incluso más rápidamente que las células y otros objetos físicos. La práctica del mindfulness nos entrena para experimentar estos cambios mentales inconcebiblemente rápidos.

Por el contrario, solo nos percatamos de los síntomas de decadencia de las partes físicas del cuerpo a través de las marcas que dejan. Cuando termina una tempestad, vemos árboles caídos, edificios derrumbados y agua que corre por todas partes. De igual manera, la vejez se manifiesta en el cuerpo a través de arrugas, pérdida de los dientes, encorvamiento de la espalda, caminar lento, conversación lenta, garganta seca, vista débil, incapacidad para experimentar sabores, mala audición, falta de apetito y canas. Cuando percibimos estos cambios a lo largo del tiempo, ¡reconocemos que hemos nacido tan solo con un billete de ida!

Una vez que concluye este proceso de envejecimiento, experimentamos la *muerte convencional*. Por lo general, este tipo de muerte es en lo que piensan las personas cuando pronuncian la palabra *muerte*, pero la muerte convencional tan solo es la puerta de acceso a una nueva vida. Son innumerables las ocasiones en que nos hemos enfrentado a la muerte convencional, e innumerables las veces que hemos renacido. Un ciclo completo de muertes y renacimientos momentáneos que conducen a la muerte convencional es lo que se denomina una vida. Otra de esas series se llama otra vida. Este patrón de repetición nos ocasiona un enorme sufrimiento. El objetivo de la práctica budista es poner fin, de una vez por todas, a este ciclo.

Este final se denomina *muerte eterna*. Tanto la muerte momentánea como la muerte convencional son provisionales. Ambas inauguran un espacio y un tiempo para que se produzca un nuevo nacimiento en el que otra vez tendremos que atravesar el proceso de sufrimiento, es decir, perder a nuestra familia y amigos, envejecer y afrontar la muerte. Pero, una vez que alcanzamos la muerte eterna, nuestro sufrimiento también muere para siempre y ya no tenemos que soportar otro ciclo de muerte y renacimiento. Cualquier muerte es un tipo de cesación, pero la muerte eterna es cesación sin un renacimiento posterior, o lo que podemos definir como la cesación que nunca vuelve a aparecer. Esta cesación es *nibbana*, liberación, emancipación del sufrimiento. El *nibbana* es la paz.

Mis experiencias cercanas a la muerte

Cada noche, cuando me acuesto en la cama, pienso: «Esta noche, mientras duermo, quizá muera». Esa idea nunca me perturba, porque he pasado el día haciendo el trabajo del *Dhamma*. Me siento feliz de morir con la satisfacción de un buen día de trabajo realizado. También he tenido varias experiencias cercanas a la muerte, las cuales me han enseñado qué significa la muerte y cómo sucede. Este conocimiento me ha ayudado a superar el miedo a la muerte.

Siendo muy joven, en varias ocasiones casi me ahogué. Cuando estaba en la escuela primaria, mi hermano y yo teníamos que cruzar un riachuelo que había entre nuestra casa y la escuela. Ninguno de nosotros sabía nadar. Mi madre estaba aterrorizada ante la idea de que nos ahogásemos allí. Cada día, cuando ella escuchaba la campana de la escuela, se quedaba de pie en la puerta de nuestra casa para esperarnos. Sabía que el arroyo era un imán y que mi hermano y yo anhelábamos arrojar nuestros libros, despojarnos de nuestros *sarongs* y saltar al agua fría.

Algunos días en que lo hacíamos, mi madre, siempre vigilante, ponía el grito en el cielo y salíamos del agua a regañadientes. Pero una vez, sin embargo, conseguimos nuestro propósito y mi madre no nos vio meternos en el agua. Casi de inmediato, quedé atrapado en un pequeño remolino donde el arroyo se introducía bajo un bosquecillo de bambú. Agité los brazos para mantenerme a flote, pero el remolino me absorbió con una fuerza aterradora. De alguna manera mi hermano se las arregló para sacarme.

Cuando era un poco más mayor, otro hermano me salvó de ahogarme en un canal de riego que había aumentado su caudal, debido a las lluvias monzónicas, hasta convertirse en un pequeño río. Nunca se lo dijimos a nuestros padres; temíamos lo que pasaría si lo hacíamos. Pero mi peor accidente con el agua ocurrió, en 1945, cuando tenía casi dieciocho años.

Estaba esperando un tren que me llevaría a una escuela para jóvenes monjes. Entonces un novicio de ocho o nueve años me invitó a nadar en un río cercano a la estación. Aunque era consciente de que no sabía nadar, ¿cómo podía decirle que no a aquel novicio? El muchacho se ajustó el manto y se lanzó al río. Después de cruzarlo nadando, me vio de pie en la orilla y me gritó: «¡Salta!». Tragándome mi vergüenza, también me ajusté el manto y salté. Casi de inmediato me di cuenta de que había cometido un grave error. Luché durante unos segundos hasta terminar hundiéndome en el fondo del légamo y tragando mucha agua sucia.

Cuando el novicio se dio cuenta de que yo no sabía nadar, intentó mantener mi cabeza a flote y empezó a nadar de espaldas. Pero era demasiado pequeño para poder sacarme. Entré en pánico y me agarré a su ropa. Desnudo, nadó sin mí hasta las aguas poco profundas y gritó pidiendo ayuda. ¡Un hombre saltó al río por la ventana de un restaurante! El novicio gritó que yo ya debía estar muerto, pero señaló el lugar donde me había visto por última vez.

Mientras tanto, me había hundido tres veces. La última vez que salí a la superficie vi el mundo entero como una bola roja. Cuando me hundí por última vez, recuerdo estar agachado en el fondo del río. De repente, vi a un hombre inclinándose sobre mi cuerpo y pensé: «¿Qué hace? Yo estaba nadando». Cuando abrí los ojos, el hombre dejó de hacerme la respiración boca a boca, sonrió y se alejó. Luego vi a cientos de personas a mi alrededor, que se habían congregado para ver mi aventura de natación.

Incluso en la actualidad, aunque he viajado por todo el mundo y cruzado océanos incontables veces, ¡me siento incómodo cerca del agua! Pero, tanto estas experiencias como algunos otros roces cercanos con la muerte en mi vida posterior, me enseñaron a no tener miedo. Tras haber puesto todo de mi parte para vivir según los principios enseñados por el Buda, simplemente me digo a mí mismo: «He hecho lo que he podido en mi vida».

Cada día, cuando practico la meditación mindfulness, reflexiono sobre la transitoriedad de todas las cosas. Este pensamiento me tranquiliza enormemente. En mi opinión, así es como todos debemos morir, sabiendo que todo –incluido uno mismo– está siempre cambiando, desapareciendo, muriendo.

Prepararse para la muerte

Cada día, cuando nos sentamos a meditar, debemos reflexionar sobre la muerte como parte de nuestra práctica del mindfulness del cuerpo. Contemplar la inevitabilidad de la muerte es una buena manera de prepararnos para una muerte pacífica y un renacimiento afortunado. Tenemos que recordar que la vida es breve, que la muerte es inevitable y que no podemos predecir cuándo terminará nuestra vida. Hacerlo de ese modo nos anima a practicar la generosidad y el amor-amistad, fortalece nuestra dedicación a la práctica y despierta sentimientos de urgencia espiritual.

Cuando meditamos en la muerte, nos decimos a nosotros mismos palabras como las siguientes:

Quizá mañana moriré. Todos los que vivieron en el pasado están muertos, todos los que ahora viven están muriendo, y todos los que llegarán a existir en el futuro morirán, sin excepción alguna. No hay certeza de que viviré para terminar tal o cual proyecto o hasta tal y tal fecha. Antes de morir, debo vencer mi avaricia, decepción, ira, temor, celos, inquietud, preocupación, somnolencia, vanagloria, engaño, deseo de falsa reputación y otros estados mentales engañosos.

El Buda logró vencer estos obstáculos internos. Pero, incluso el Buda, que alcanzó la plena iluminación, terminó sucumbiendo a la muerte. Solo entendiendo este punto profundamente y recordándolo siempre, adquiriré el valor necesario para afrontar la muerte.

Podemos reflexionar en estas breves enseñanzas del Buda como parte de nuestra meditación:

«La muerte siempre acompaña al nacimiento».

«De igual modo que han muerto las personas que han triunfado en el mundo, sin duda yo también moriré».

«Yo, que muero a cada instante, puedo morir en un abrir y cerrar de ojos».

«La vida de los mortales carece de signos. No podemos conocer de antemano su duración».

«Como la fruta que cae cuando está madura, como el jarro del alfarero que termina quebrándose, así también la vida de los mortales a la larga alcanza su final».

«Sin poder detenerse, siempre en marcha, la vida se precipita hacia su final como el sol que se encamina a su poniente».

Contemplación del cementerio

Otro importante aspecto de la preparación para la muerte es el cultivo de una actitud realista. Los rituales tradicionales para honrar a los muertos suelen estar basados en el miedo y la superstición, o en el apego a las personas fallecidas. Las supersticiones son instrumentos psicológicos y emocionales para recordar a los seres amados que han muerto. El culto a los antepasados, practicado por muchas culturas, tiene su origen más probable en el apego. Algunas personas afirman: «No me importa morir, pero tengo miedo de ser enterrado o incinerado», y, a causa de este temor, dejan instrucciones elaboradas sobre lo que quieren que, después de la muerte, se haga con su cadáver. Sin embargo, el fuerte apego y las supersticiones dificultan que desarrollemos la consciencia de la muerte y la transitoriedad. Algunas personas me han dicho que el mindfulness de la muerte les resulta muy desagradable, por lo que desean saltarse esta parte de la meditación. No quieren pensar que los gusanos se comerán los cuerpos en descomposición de sus seres queridos. Sin embargo, según la tradición Theravada, una vez que se extinguen las sensaciones, el calor y la consciencia, un cadáver es como un tronco. De hecho, es peor que un tronco, porque ¡al menos un tronco puede ser utilizado como combustible! Cuando su fuerza vital se agota, quizá este cuerpo tan solo sea útil a los estudiantes de medicina que pueden diseccionarlo para conocer mejor las enfermedades humanas.

Es posible que uno de los motivos de nuestro miedo y superstición sea que son pocas las personas que, hoy en día, tienen la oportunidad de contemplar un cadáver. Aun cuando se presente la ocasión, muchas personas la desaprovechan y dan instrucciones a los trabajadores de las funerarias para que hagan lo que tengan que hacer con los cuerpos de sus seres queridos. Dicen: «No quiero ver el cuerpo de mi madre o de mi padre. Deseo recordar a mis seres queridos tal y como eran, con buena salud». Todo lo que hacen es limitarse a pagar la factura de la funeraria. Eso, en cierto sentido, es una especie de superstición.

De hecho, en la época del Buda, la gente envolvía los cadáveres en un sudario blanco y los depositaba sin inhumar en un área al aire libre para que los animales los devorasen. De ese modo, aspiraban a que incluso sus cadáveres fuesen de alguna utilidad para los seres vivos. Los monjes eran instruidos para acudir a estos lugares y recoger las mortajas en las que se había envuelto a los cadáveres. La túnica del propio Buda estaba confeccionada de sudarios recogidos en el cementerio. Además, tras alcanzar una comprensión completa del mindfulness del cuerpo, el Buda instruía a sus monjes a contemplar los cadáveres como objeto de meditación. Esta práctica recibe el nombre de contemplación del cementerio, siendo la manera óptima de vencer las supersticiones relativas a la muerte.

Aunque ya no podamos contemplar la descomposición de los cadáveres, como ocurría en la época del Buda, podemos utilizar nuestra imaginación para contemplar lo que le sucede al cuerpo después de la muerte. Meditar sobre este tema no significa alentar la tristeza u otras emociones negativas, sino que es, más bien, la manera más realista de desarrollar la atención plena a la provisionalidad del cuerpo. No obstante, meditar en las diversas etapas que atraviesa un cadáver exige madurez espiritual y estabilidad emocional.

Una vez que hayamos meditado a fondo sobre los otros aspectos del mindfulness del cuerpo, estaremos preparados para practicar la contemplación del cementerio. En primer lugar, imagínate un cadáver en el cementerio, uno, dos o tres días después de la muerte. Entonces compara tu cuerpo vivo con ese cuerpo, pensando del siguiente modo:

> Esta es la naturaleza de mi cuerpo. Será como este cadáver. Este resultado es inevitable. Dos, tres o cuatro días después de la muerte, mi cuerpo estará hinchado, pálido, purulento, hediondo. Carecerá de sensaciones, percepciones o pensamientos y se pudrirá. Los animales se lo comerán. La carne desaparecerá; la sangre se secará; los tendones se romperán; los huesos se separarán y también se descompondrán. Se volverán porosos

y lentamente se verán reducidos a polvo y ceniza. Y, un día en que sople una gran ráfaga de viento, incluso este polvo se dispersará.

También podemos reflexionar, como parte de nuestra meditación, en estos dichos breves del Buda:

> «Cuando la vitalidad, el calor y la consciencia abandonan este cuerpo físico, entonces yace sin volición como alimento para otros».

> «Este cuerpo no tardará mucho en yacer abandonado en el suelo, despojado de toda consciencia, como un pedazo de madera inservible».

Puntos clave para el mindfulness de la muerte

- El Buda proporcionó muchos ejemplos para ayudarnos a recordar que la vida es breve; la muerte, inevitable; y la hora de la muerte, incierta. Así, por ejemplo, afirmó que la vida es «como una llama que apaga el viento», «como un relámpago, una burbuja, gotas de rocío o una línea dibujada en el agua». Meditar en estas imágenes nos ayuda a desarrollar el mindfulness de la muerte.
- También debemos recordar que ningún hombre o mujer que haya vivido, sin importar lo exitoso, famoso, pode-

roso o santo que fuese, ha escapado de la muerte. Hasta el Buda murió.

- No olvidemos que la causa de la muerte es el nacimiento y que, en el momento en que nacemos, ya empezamos a morir.
- Las innumerables muertes momentáneas de esta vida conducen de manera ineludible a la muerte convencional. Nada de lo que hagamos evitará que ocurra la muerte.
- Utilizar la meditación para desarrollar la atención a la transitoriedad de todas las cosas, incluyendo nuestro cuerpo, sensaciones, pensamientos, percepciones y consciencia, nos ayuda a pensar de manera realista en la muerte.
- La atención plena a la muerte despierta sentimientos de urgencia espiritual y es la mejor manera de prepararse para una muerte pacífica y un renacimiento afortunado.
- El apego supersticioso a un cadáver no tiene sentido. La atención plena a la muerte puede ayudarnos a superar las supersticiones.
- Si hemos meditado a fondo sobre otros aspectos del mindfulness del cuerpo –respiración, cuatro posturas, comprensión clara, treinta y dos partes, y cuatro elementos– y somos emocionalmente estables y espiritualmente maduros, debemos meditar en las diferentes fases que atraviesa un cadáver.

Parte II. Mindfulness de las sensaciones

6. Sensaciones y emociones

Cuando era anciano, el cabeza de familia Nakulapita fue a ver al Buda y le dijo:

—Ya soy viejo, venerable señor, he llegado a la última etapa de mi vida, con el cuerpo afligido, a menudo enfermo, y vengo a que el Bienaventurado me instruya.

—Así es, cabeza de familia —respondió el Buda—. Si alguien que tuviese un cuerpo como el tuyo afirmase estar sano, aunque solo fuese durante un momento, ¿no sería eso una tontería? Debes entrenarte así: «Aunque el cuerpo esté afligido, mi mente no estará afligida».

Nakulapita se sintió reconfortado al escuchar las palabras del Bienaventurado. Y, tras mostrar sus respetos al Buda, se fue. Luego se dirigió a donde se hallaba el venerable Sariputta y le pidió que le explicase en detalle el significado de la breve declaración del Buda.

—La persona que no está familiarizada con la enseñanza del Buda —le respondió el venerable Sariputta— cree que los cinco agregados son su yo. Con el cambio y la decadencia de estos agregados, surge en él la tristeza, la lamentación, el dolor, la pena y la desesperación. De ese modo, se ve afligido tanto corporal como mentalmente.

»En cambio, el noble discípulo que ha escuchado el *Dhamma* no considera que los agregados sean su yo. Y, aunque los agregados cambien, la tristeza, la lamentación, el dolor, la pena y la desesperación no surgen en él.

Nakulapita se regocijó, pues este sabio consejo le procuraría bienestar y felicidad durante mucho tiempo.

Podemos afirmar que toda la enseñanza del Buda se basa en las sensaciones. Hacia el final de su vida, tras cuarenta y cinco años de enseñanza, el Buda dijo: «*Bhikkhus*, solo he enseñado dos cosas: el sufrimiento y el final del sufrimiento». La historia de Nakulapita apunta a la esencia de la enseñanza del Buda para poner fin a la sensación de sufrimiento. Debido a que nuestro cuerpo, sentidos y consciencia carecen del entrenamiento adecuado, padecemos dolor físico, tal como el causado por la enfermedad y el envejecimiento, y dolor emocional, como la pena y la aflicción.

Nuestro sufrimiento surge, como el venerable Sariputta explicó a Nakulapita, porque creemos que los cinco agregados –cuerpo, sensaciones, percepciones, pensamientos y consciencia– son nuestro yo, o que nuestro yo reside en los cinco agregados. De hecho, la sensación que todos tenemos de «*yo* soy» o «*yo* existo» –lo que la psicología occidental llama el «ego»– surge del aferramiento a estos agregados al considerarlos *míos* o mi *yo*.

No obstante, gracias al entrenamiento en el segundo fundamento de la atención plena –el mindfulness de las sensaciones–, podemos adiestrar nuestra mente para que utilice los inevitables dolores de la vida, como la enfermedad y la vejez, en tanto que objetos de meditación. Sin embargo, para ello no debemos esperar, como Nakulapita, a ser viejos o caer enfermos. Si fortalecemos el hábito en el momento presente, cuando experimentemos sensaciones dolorosas, entenderemos que, como todo lo demás, el dolor es transitorio. Además, ¡no existe ninguna entidad permanente o *yo* que experimente el dolor! Cuando nos desarrollamos espiritualmente y nos damos cuenta de esta verdad, ni el dolor físico ni la infelicidad mental pueden causarnos sufrimiento.

Cuando empezamos a trabajar en el cultivo del mindfulness de las sensaciones, debemos recordar dos puntos. En primer lugar, en inglés, utilizamos la palabra *sensación* de dos maneras distintas, ya que se refiere tanto a las sensaciones físicas que surgen a partir del contacto con los objetos externos como a emociones generadas internamente, que son principalmente mentales o psicológicas. Asimismo, en la enseñanza del Buda, la palabra *sensación* (*vedana* en pali y sánscrito) incluye tanto sensaciones físicas como emociones mentales. Para mayor claridad, empleo la palabra *sensaciones* para referirme a las sensaciones que surgen del contacto sensorial externo, y *emociones* para referirme a las sensaciones no sensoriales generadas internamente. Por otro lado, cuando uso la palabra *sentimiento*, me refiero tanto a sensaciones como a emociones.

En segundo lugar, debemos reconocer que el dolor, la tristeza y otras sensaciones y emociones desagradables no son las únicas sensaciones que nos provocan sufrimiento. Los sentimientos placenteros, como el apego, el deseo y el aferramiento, también causan sufrimiento. Como señala el *Dhammapada*: «Lo mismo que una gran inundación arrasa un pueblo entero mientras duerme, la muerte se apodera del hombre con una mente apegada y se lo lleva todavía aferrándose a sus hijos y ganado». Aferrarse a cualquier cosa –hijos, ganado o, de hecho, cualquier persona, lugar, sonido, olor, sabor, textura o idea– es como estar dormido. Cuando estamos apegados, incluso de manera agradable, dejamos de prestar atención y, por tanto, somos vulnerables al sufrimiento. En cambio, cuando nos vemos libres del deseo, aunque el universo entero siga cambiando, no experimentamos sufrimiento.

Tres tipos de sensaciones

El primer paso para desarrollar el mindfulness de las sensaciones es distinguir entre los distintos tipos de sensaciones. A veces el Buda afirma que hay dos clases de sensaciones: placenteras y desagradables. Otras veces, se mencionan tres tipos: agradables, desagradables y neutras. Las sensaciones neutras no son placenteras ni desagradables.

Cuando tenemos una sensación placentera, debemos ser conscientes de que estamos teniendo una sensación placentera.

Eso es bastante sencillo. Siempre que sentimos placer, sabemos que es placer. De igual modo, cuando experimentamos una sensación dolorosa, sabemos que es una sensación dolorosa y somos conscientes de ella. La gente entiende naturalmente y sin demasiadas explicaciones las sensaciones placenteras y las desagradables. La tercera categoría, las sensaciones neutras, puede ser un poco más confusa para las personas que no se fijan demasiado en las sensaciones. No está de más recordar que, en el *Dhamma*, no existe ninguna categoría llamada «sensaciones mixtas».

Cultivar el mindfulness de los tres tipos de sensaciones es relativamente fácil porque, si prestamos atención, nos daremos cuenta de que, cuando experimentamos una sensación placentera, no hay sensaciones desagradables o neutras presentes. Lo mismo ocurre con las sensaciones desagradables y las neutras. En otras palabras, experimentamos un tipo de emoción o sensación cada vez.

Además, cuando les prestamos atención, no tardamos en damos cuenta de que nuestras sensaciones siempre están cambiando sin que ejerzamos ningún control deliberado por nuestra parte. Digamos, por ejemplo, que estamos de buen humor. El sol brilla, hemos concluido nuestra jornada laboral y nos dirigimos a casa para disfrutar de una buena cena. Sin embargo, transcurrido un rato, aunque quisiéramos aferrarnos a esa sensación placentera, esta desaparece y surge una sensación neutra. Entonces, tal vez, recordemos una discusión que hemos tenido con un amigo durante el día, y nuestra sensación neutra cambia a una desagradable. Así pues, sabemos muy bien, por propia experiencia, que toda sensación –agradable, dolorosa o neutra– es transitoria.

Observando la rapidez con la que cambian nuestras sensaciones, sin ningún esfuerzo por nuestra parte, nos percatamos de otra verdad importante. Empezamos a percibir que las sensaciones no son *mis* sensaciones o partes de *mí*, sino tan solo sensaciones. Nos damos cuenta de que a menudo nos identificamos tan estrechamente con las sensaciones que estas nos parecen parte de nuestra identidad básica. Decimos: «*Me* duele la rodilla cada vez que *me* siento a meditar» o «*Yo* estoy enfadado con el gobierno», como si estas sensaciones y emociones fuesen aspectos inalterables de un yo que también es permanente, eterno e inmutable. Pero, si nuestras sensaciones fuesen idénticas con el yo, y el yo fuese permanente, entonces nuestra sensación de dolor o nuestra emoción de ira también deberían ser permanentes. La experiencia nos dice que este no es el caso. Las sensaciones cambian y nuestro supuesto yo no tiene control alguno sobre esos cambios. Observando esto, vemos de forma muy clara que el yo no puede ser una entidad permanente.

Relacionarse con el dolor

De los tres tipos básicos de sensaciones que hemos estado abordando –placenteras, desagradables y neutras–, las sensaciones desagradables de dolor son, probablemente, las más difíciles de gestionar. Mientras tengamos cuerpo y consciencia, habrá dolor. Hasta los seres iluminados padecen dolor. En cierta ocasión, Devadatta, el enemigo del Buda, le lanzó una roca y una de las esquirlas le golpeó el pie. Aunque su médico personal, Jivaka, aplicó alguna medicina en la zona en la que había sido golpeado, esa noche el Buda experimentó un dolor insoportable. Sin embargo, utilizando el mindfulness, fue capaz de tolerarlo.

A diferencia del Buda, cuando aparecen sensaciones dolorosas, solemos sentirnos ansiosos, enojados o deprimidos. Reaccionamos de esta manera porque no sabemos cómo gestionar el dolor. La instrucción básica del Buda a sus monjes es muy clara en este punto: «Cuando [un monje] experimenta una sensación dolorosa, se percata de que experimenta una sensación dolorosa». No obstante, esta instrucción también nos dice que la sensación dolorosa posee una dimensión tanto física como psicológica.

El dolor físico a menudo se puede superar con tratamiento médico. De ese modo, por supuesto, primero debemos hacer todo lo que esté en nuestra mano para aliviar el dolor, como consultar a un médico o tomar medicinas. Sin embargo, algunas dolencias causan un dolor que persiste sin importar cuánta medicina tomemos. En tales casos, debemos seguir el ejemplo del Buda y utilizar el dolor como objeto de meditación.

Cuando prestamos atención consciente a las sensaciones dolorosas, lo primero que advertimos es que están sometidas a un cambio continuo. Por ejemplo, un dolor agudo y punzante cambia a un dolor con hormigueo, y este cambia a un dolor ardiente. En otras palabras, como el resto de las sensaciones, el dolor es transitorio. A medida que nos centramos en percibir estas sensaciones variables, empezamos a relajarnos y a ceder en nuestra resistencia al dolor. Cuando se disuelve la barrera entre el dolor y el *yo*, y permitimos que las sensaciones fluyan y refluyan, tal vez nos sorprendamos al observar que dejamos de sufrir. Aunque el dolor pueda seguir presente como un flujo de sensaciones, ¡se difumina el *yo* que padecía el dolor!

Es posible aplicar la misma técnica para abordar emociones dolorosas como la tristeza, el desconsuelo o la depresión. Cuando surgen este tipo de emociones, les prestamos atención. Nos damos cuenta de que siempre están cambiando y percibimos su fluctuación. Por ejemplo, al prestar atención consciente al desconsuelo, este cambia a enfado y luego a ansiedad o depresión. Tenemos bien presente que ningún yo que exista de manera permanente experimenta estas emociones y también que la emoción dolorosa es provisional. Este reconocimiento aporta, por sí mismo, un cierto alivio.

Numerosos tipos de sensaciones

Una vez que entendemos los tres tipos básicos de sensaciones, podemos empezar a establecer distinciones más precisas. Por ejemplo, todos estamos familiarizados con las sensaciones placenteras y las sensaciones desagradables que surgen a través de nuestros cinco sentidos, tales como la forma placentera y atractiva de una hermosa flor o el hedor desagradable y molesto de la basura. Como explicó el Buda, cuando consideramos los cinco tipos de consciencia sensorial y los objetos que perciben –ojos y formas, nariz y olores, oídos y sonidos, lengua y sabores, y piel y textura–, podemos distinguir quince tipos de sensaciones –placenteras, desagradables y neutras– vinculadas a cada uno de dichos sentidos.

También podemos añadir un sexto sentido, esto es, la mente y los objetos mentales como pensamientos, recuerdos, imaginaciones y sueños, los cuales también pueden ser placenteros, desagradables o neutros. Así pues, tenemos ahora dieciocho tipos de sensaciones. Y, si consideramos que cada uno de estos dieciocho tipos puede surgir como una sensación física o como una emoción generada internamente, tenemos treinta y seis. Multiplicando estos treinta y seis por los tres tiempos de pasado, presente y futuro, ¡podemos llegar a distinguir ciento ocho tipos de sensaciones!

Tal vez nos preguntemos: ¿qué utilidad tienen todas estas categorías? Para responder a esta pregunta, debemos recordar que la instrucción básica del Buda referente al mindfulness de las sensaciones es «contemplar la sensación en las sensaciones»… El *Dhamma* nos enseña acerca de ciento ocho tipos de sensaciones para subrayar que existen, de hecho, muchos tipos diferentes de «sensación en las sensaciones».

Además, cuando empezamos a prestar atención a las sensaciones, al principio solo las percibimos de modo superficial. Nuestra práctica consiste entonces en cobrar consciencia de que experimentamos sensaciones placenteras, desagradables y neutras. Y, a medida que se profundiza nuestro mindfulness, comenzamos a percibir más distinciones. Así, por ejemplo, somos conscientes de la diferencia entre sensaciones y emociones y de cuál es la consciencia sensorial que está conectada con cada sensación. Solo a través de la práctica podemos distinguir estas ciento ocho categorías.

¿Cómo surgen las sensaciones?

Así pues, ¿cómo surgen las sensaciones? Comprender mínimamente este proceso nos ayuda a desarrollar el mindfulness, puesto que vemos que incluso una simple sensación, como el placer que experimentamos al contemplar la forma de una flor hermosa, aparece a partir de una serie de pasos interdependientes. En resumen, las sensaciones surgen dependiendo del contacto. Y el contacto surge dependiendo de otros tres factores: sentidos, objetos y consciencia. Así es como funciona el proceso:

Las cosas que pueden ser conocidas por la mente a través de los sentidos, como una flor, se denominan objetos mentales. Cada objeto posee una determinada cualidad o función. Los sentidos son comparables a los tentáculos de un pulpo. Los tentáculos establecen contacto inicial con el objeto y lo transmiten a la mente. Sin embargo, el contacto real tiene lugar en la mente. Por su parte, la consciencia emerge paralelamente a la exposición de los sentidos a un determinado objeto. Asimismo, la mente debe ser consciente para recibir el contacto transmitido por los sentidos e interpretarlo de forma correcta.

Cuando la mente entra en contacto con un objeto, aparece en ella una impresión mental que revela la función del objeto. Esa impresión es la sensación, la cual puede compararse con la mano que exprime una naranja para obtener zumo. Cuando lo que se extrae del objeto es placentero, experimentamos una sensación agradable. En cambio, si lo que se extrae del objeto es doloroso, experimentamos una sensación desagradable, la cual puede, a su vez, ser una sensación física o una emoción mental.

La intensidad y claridad de una sensación particular depende de muchas condiciones. Por ejemplo, si nuestros ojos están sanos, la hermosa flor que contemplamos se halla iluminada por la brillante luz del sol y estamos de pie cerca de ella prestándole atención, el contacto visual con la flor será nítido y claro. El resultado es que la sensación placentera resultante del contacto visual también será nítida y clara. Por el contrario, si nuestra vista es pobre, hay poca luz, nos hallamos a gran distancia o nuestra consciencia está distraída, no estableceremos un contacto intenso con la flor. En ese caso, la sensación que surja en función de estas condiciones será débil y tenue. Y lo mismo se aplica al resto de los sentidos externos.

De igual manera, si la mente está clara, los pensamientos

que aparezcan en ella serán claros, y la sensación que se derive del contacto con la mente será intensa. La sensación que obtenemos también depende de nuestro estado mental. Un objeto puede generar una sensación placentera en una persona, y una sensación desagradable en otra, dependiendo del estado mental de cada una de ellas.

Meditar en el mindfulness de las sensaciones

Cuando meditamos en el mindfulness de las sensaciones, debemos tener en cuenta que la sensación aparece dependiendo del contacto y que, a medida que cambia dicho contacto, las sensaciones también cambian. Cuando experimentamos una sensación placentera, pensamos: «Esto es una sensación placentera que ha surgido en función de tales factores. Cuando estos factores desaparezcan, la sensación placentera también desaparecerá». Hacemos lo mismo con las sensaciones desagradables y neutras. Sin embargo, no tratamos de controlar nuestras sensaciones o de modificarlas, sino que tan solo advertimos que nuestras sensaciones están cambiando. Cada sensación surge debido a causas y condiciones y luego desaparece. La mente no puede aferrarse a lo que experimentamos y de manera natural lo deja ir. ¿Qué más puede hacer? ¡Nada!

Mientras observamos este proceso, no debemos intentar verbalizar nuestras sensaciones. Etiquetar las sensaciones y emociones puede distorsionarlas o disfrazarlas como si fuesen algo distinto de lo que son. Las sensaciones de dolor o placer que experimenta cada individuo son totalmente personales. Las sensaciones, tal como son experimentadas, no pueden ser transmitidas de manera exacta con palabras. Tan solo permitimos que la respiración fluya dentro y fuera y nos mantenemos completamente conscientes y alerta, prestando total atención a cada sensación a medida que surge, alcanza su punto álgido y desaparece.

Durante la meditación, pueden surgir ciertas sensaciones especiales. Una de ellas es la denominada «urgencia espiritual». Vemos con claridad que el dolor surge y desaparece; que el placer surge y desaparece. Al observar este patrón repetitivo, emerge la visión profunda de que, mientras nazcamos en cualquier forma, seguiremos sufriendo. Esta comprensión nos inspira a acelerar nuestra práctica espiritual y a encontrar la manera de poner fin, ahora mismo y de una vez por todas, a este círculo vicioso de nacimientos y muertes.

Cuando meditamos, también podemos experimentar una sensación especial de placer que no está relacionada, de manera subyacente, con el deseo. Nuestro cuerpo se calma, nuestra mente se tranquiliza, y no hay agitación ni excitación. Entonces experimentamos una paz muy profunda. Esta sensación placentera, que surge de la constatación de que tanto esta sensación placentera como todo lo demás son transitorios, insatisfactorios y carentes de yo, no genera ningún tipo de apego. Simplemente, la experimentamos y vemos cuál es su realidad.

Puntos clave para el mindfulness de las sensaciones

- Puedes practicar el mindfulness de las sensaciones en el contexto de tu meditación regular de mindfulness de la respiración.

- Cuando surjan las sensaciones, advierte si son placenteras, desagradables o neutras. Observa que cada sensación aparece, alcanza su punto álgido y desaparece. No necesitas hacer nada para controlarlas o tratar de modificarlas. Simplemente, las observas y luego devuelves tu atención a la respiración.

- Cuando surgen sensaciones, fíjate si son sensaciones que resultan del contacto con un objeto externo o emociones que aparecen internamente. Observa cómo emerge cada una de ellas, alcanza su punto álgido y desaparece; vuelve luego a prestar atención a la respiración.

- Al observar tus sensaciones, advierte qué sentido y qué consciencia sensorial son la fuente de la sensación. Por ejemplo, ¿sientes calor debido al contacto entre la piel y el cojín, o sientes el sonido de un pájaro en el exterior, o sientes el aroma de la sopa que hierve en la cocina? No verbalices estas sensaciones y no intentes etiquetarlas. Simplemente date cuenta de que experimentas una sensación y luego devuelve tu atención a la respiración.

- Por ejemplo, digamos que la sensación es el agradable canto de un pájaro. Tan solo presta atención al proceso que te permite escuchar el sonido, es decir, las ondas sonoras que contactan con tu oído y se transmiten a tu cerebro, el cual analiza el contacto y da lugar a una sensación o impresión mental. Recuérdate a ti mismo: «Esta es una sensación placentera. Ha surgido en función de estos factores. Cuando estos factores desaparezcan, la sensación placentera también desaparecerá». Devuelve entonces la atención a la respiración.

- Si aparece una sensación de dolor físico, observa cómo cambia. Advierte el flujo y reflujo de su intensidad sin rechazarlos ni resistirte. Recuerda que el dolor no es una cosa, sino un evento. El dolor es transitorio y no existe un yo permanente que experimente dicha sensación.

- Si sientes una emoción generada internamente, fíjate en ella sin añadirle ningún juicio de valor. No la ayudes, no la obstaculices ni interfieras en ella lo más mínimo. Simplemente observa cómo la emoción surge, alcanza su punto álgido y desaparece. Vuelve luego a depositar tu atención en la respiración.

- Por ejemplo, si experimentas una fantasía placentera mientras meditas, advierte que te has distraído con una fantasía, date cuenta de su grado de intensidad y de cuánto tiempo perdura. Observa el estado mental de deseo que acompaña a la fantasía. Percibe cómo pasa, y devuelve tu atención a la respiración.

7. Sensaciones beneficiosas y perjudiciales

Había en cierta ocasión un brahmán llamado Akkosana, una persona de alto rango y autoridad, que tenía, sin ninguna razón, el hábito de enfadarse con todo el mundo. Cuando Akkosana escuchó que el Buda nunca se enfadaba, fue a verlo y le espetó todo tipo de insultos. El Buda se limitó a escuchar con paciencia y compasión a Akkosana y luego le preguntó:

– ¿Tienes amigos o parientes?

– Sí, tengo muchos parientes y amigos –respondió Akkosana.

– ¿Los visitas periódicamente? –preguntó el Buda.

– Por supuesto, los visito a menudo –respondió Akkosana.

– ¿Les llevas regalos cuando los visitas? –siguió preguntando el Buda.

– Así es.

– Supón que les llevas algún regalo y que no lo aceptan. ¿Qué harías con ese regalo? –le preguntó de nuevo el Buda.

– Me lo llevaría a casa para disfrutarlo con mi familia.

– De la misma manera, amigo, tú me has dado el regalo de tus insultos y ultrajes, pero yo no lo acepto. Es todo tuyo.

Llévatelo a casa y disfrútalo con tu familia –le dijo el Buda.

Akkosana se sintió profundamente avergonzado. Comprendió y admiró el consejo de Buda.

Como ya he expuesto, experimentamos ciento ocho tipos diferentes de sensaciones. El contacto sensorial con los objetos externos que percibimos a través de ojos, oídos, nariz, lengua y cuerpo, así como el contacto no sensorial con objetos internos dentro de la mente dan lugar a sensaciones y emociones. Estas sensaciones pueden ser placenteras, desagradables o neutras. Algunas dependen del contacto pasado; otras del contacto presente, mientras que otras dependen de la previsión del contacto futuro. Asimismo, las sensaciones pueden ser intensas y claras, o débiles y tenues.

Conforme vamos mejorando nuestra capacidad para reconocer la gran variedad de sensaciones y emociones que existen dentro del conjunto de las sensaciones, también podemos tornarnos conscientes de los hábitos o tendencias que son sus causas subyacentes. Tres son esenciales en este sentido: algunas sensaciones placenteras tienen como tendencia subyacente la codicia, el deseo o el ansia. Algunas sensaciones desagradables tienen la ira o el odio como su tendencia subyacente. Y algunas sensaciones neutras arraigan en la ignorancia o la confusión.

Las sensaciones que se ven activadas por cualquiera de estas tendencias negativas se denominan «mundanas». Las sensaciones mundanas surgen con mayor frecuencia cuando nos dedicamos a actividades ordinarias como la búsqueda de riqueza, compañía, un trabajo mejor o más poder y reconocimiento. Cobrar consciencia de nuestras tendencias hacia el enfado y el apego, y utilizar el mindfulness para vencer estos hábitos, nos brinda la oportunidad de experimentar sensaciones «espirituales», tales como el desapego, la urgencia espiritual y la alegría especial que experimentamos al meditar. Cuando se profundiza nuestro mindfulness, disfrutamos con más frecuencia de sensaciones espirituales placenteras.

¡Superar nuestras tendencias negativas exige un trabajo enorme! Al igual que Akkosana, podemos tener el hábito de enfadarnos incluso cuando no hay ninguna razón aparente para ello. El hábito de Akkosana estaba tan arraigado que, cuando la persona agraviada no se enojaba, ¡era Akkosana el que se enfadaba porque la otra persona no lo hacía! Sin embargo, al igual que Akkosana, cuando nos damos cuenta de que la ira se ha convertido en un hábito, solemos sentirnos avergonzados. La ira es una emoción desagradable que tiene efectos perjudiciales. Aunque quizá necesitemos esforzarnos para cobrar consciencia de nuestro enfado y para aprender a controlarlo, es relativamente fácil ver que el enfado es nocivo.

El deseo y el anhelo son mucho más difíciles de reconocer y de eliminar. El placer suele hacernos sentir bien y procurarnos felicidad. Es fácil querer aferrarse a las buenas sensaciones. Estamos acostumbrados a apegarnos al placer que disfrutamos, a desear más y a querer volver a experimentar placer en el futuro. Sin embargo, como todos sabemos muy bien, cada vez que tratamos de aferrarnos a una sensación placentera, terminamos decepcionados. Aunque es más difícil recordar que el deseo es dañino, cuando pensamos cuidadosamente en ello, vemos que, para terminar con nuestro sufrimiento, también debemos poner fin a nuestro anhelo.

La tercera tendencia es el engaño. Por lo general, experimentamos esta emoción en forma de confusión respecto a nuestro yo y a nuestro modo de existencia. A veces, cuando experimentamos una sensación que no es dolorosa ni placentera, nos adherimos a ella con el pensamiento: «Bien, esto es algo real. ¡Tengo que aferrarme a ello!». Creemos que debe haber algo real y permanente denominado *yo* o *mí* que experimenta esta emoción. Cuando buscamos este yo eterno, parece ser idéntico a los cinco agregados o ubicarse dentro de ellos. Solo el mindfulness, aplicado con sabiduría y de manera diligente, es capaz de eliminar este malentendido perjudicial.

Respecto a estos tres factores, las instrucciones del Buda son claras:

> *Bhikkhus*, la tendencia que subyace al deseo debe ser abandonada respecto a las sensaciones placenteras. La tendencia subyacente a la aversión debe ser abandonada con relación a las sensaciones dolorosas. La tendencia que subyace a la ignorancia [engaño] debe ser abandonada respecto a las sensaciones que no son ni dolorosas ni placenteras. Cuando un *bhikkhu* abandona [estas] tendencias subyacentes, entonces, es alguien que ve correctamente. Él… ha puesto fin al sufrimiento.

Veamos ahora más detenidamente estas tres emociones negativas para poder reconocerlas cuando se manifiesten. También consideraremos las emociones beneficiosas, como el amor-amistad, la alegría y la ecuanimidad, que pueden ayudarnos a vencerlas. Nuestro objetivo es fortalecer nuestra consciencia de las sensaciones para poder verlas correctamente y poner fin a nuestro sufrimiento.

Enfado y odio

El enfado a menudo comienza con una sensación de molestia o irritación. El desencadenante puede ser cualquier cosa: un compañero de trabajo recibe un ascenso que sentimos que merecemos, un amigo efectúa un comentario poco amable o un vecino se olvida de nuevo de tirar la basura. Si pasamos por alto estos sentimientos, pueden llegar a convertirse en resentimiento, desprecio e incluso odio. La tendencia subyacente a estas emociones es la aversión, es decir, la sensación de que no nos gusta algo y de que queremos alejarnos de ello.

Sin embargo, cuando le prestamos atención, percibimos lo miserables que nos hace sentir la ira. Nuestra mente se halla nublada, y nuestros pensamientos están confusos. Nos sentimos inquietos y agitados. Perdemos el apetito y somos incapaces de apreciar nada placentero. Una vez que ardemos con lo que el Buda denomina el «fuego del odio», somos como una olla de agua en ebullición, en la que hay gran calor y confusión. ¡Incluso la meditación nos irrita!

Para controlar la ira, el primer paso es cobrar consciencia de ella. Con la práctica, podemos aprender a reconocer sus síntomas e intervenir antes de que se agraven nuestros sentimientos. En cuanto nos damos cuenta de que nos estamos enfadando, prestamos total atención a ese sentimiento sin tratar de justificarlo. El enfado crece cuando recordamos los eventos pasados, nos concentramos en las situaciones presentes e imaginamos lo que podría suceder en el futuro. En su lugar, utilizamos lo que hemos aprendido acerca del mindfulness para sofocar ese fuego y pensamos: «El enfado es un sentimiento molesto que surge en dependencia de causas y condiciones. Pero todo es transitorio. Cuando estos factores desaparezcan, este sentimiento desagradable también desaparecerá».

Señalamos ahora otras maneras de utilizar el mindfulness para superar el enfado.

Puntos clave para abordar el enfado

- Practica el mindfulness de la respiración. Respira profundamente. Inhala, exhala y cuenta uno. Repite este proceso hasta diez veces. Entonces haz lo mismo, pero contando a la inversa de diez a uno. Continúa así hasta que te sientas más tranquilo.
- Practica la moderación. Si te parece probable que una conversación desemboque en una discusión, simplemente deja de hablar. Durante la pausa, utiliza la atención plena

para investigar si los celos, la codicia, la venganza o algún otro sentimiento insano se esconden detrás de tus palabras. Pon en práctica la paciencia para ganar tiempo y poder decir lo correcto en el momento adecuado.

• Evita la culpabilización. Cuando afirmas, «No es culpa mía. Él siempre hace algo que me hace enfadar», pareces un niño diciendo: «¡Ha empezado él!». Pero tampoco te culpes a ti mismo. Se necesitan dos para discutir.

• Habla con un amigo más afectuoso. Es posible que tu amigo te recuerde lo siguiente: «No sabes lo que ocurre en la mente de otra persona. Tal vez haya razones para este comportamiento que no puedes ver».

• Cultiva la gratitud. Cuando nos enfadamos, es fácil olvidar las cosas buenas que alguien ha hecho por nosotros. Ser agradecidos ablanda nuestro corazón.

• Practica la generosidad. Es posible modificar la atmósfera que hay entre nosotros y la persona con quien nos sentimos enfadados ofreciéndole un regalo o haciéndole algún otro favor. Actuar de ese modo puede brindar a ambos la oportunidad de disculparos.

• Escucha el *Dhamma*. Busca una charla de *Dhamma* en la web o lee algún artículo o libro de *Dhamma*. Aunque el tema que aborde no esté relacionado con la ira, cuando escuchas el *Dhamma*, el enfado se desvanece.

• Evita a la gente enojada. Pasar tiempo con personas propensas a la ira puede hacer que estemos tensos y ansiosos y, a la larga, pueden contagiarnos su enfado.

• Establece un compromiso. Por la mañana, cuando tu mente esté fresca, di algunas palabras como las siguientes: «Hoy podría ocurrir algo que me haga enojar. Una conversación, una persona o una situación que no puedo anticipar pueden irritarme. Con independencia de lo que surja en el día hoy, voy a hacer todo lo posible para estar atento y no enfadarme».

• Recuerda que no quieres morir en un estado de ira. Si tu mente está confusa en el momento de la muerte, es posible que renazcas en un estado desafortunado. La vida es corta. Vive la tuya en paz y armonía, sin cólera.

Aplicar el mindfulness de esta manera es un tipo de esfuerzo hábil. Primero, tratamos de evitar que surja el enfado y, si lo hace, tomamos medidas para superarlo. Estas dos actividades colaboran entre sí para infundirnos mayor tranquilidad. Algún día diremos: «Ah, es maravilloso. Ahora soy una persona distinta. Soy capaz de gestionar mi ira».

Cuando la mente está tranquila, es fácil cultivar el amor-amistad (*metta* en pali, y *maitri* en sánscrito). Este sentimiento positivo nos proporciona un sentido natural de interconexión con todos los seres. Dado que anhelamos paz, felicidad y alegría, sabemos que todos los demás seres –incluyendo a cualquiera con el que tengamos problemas– también deben desear estas cualidades. La práctica diaria del mindfulness que sugiero en las páginas 27-32 es una buena manera de empezar en este sentido. El amor-amistad sana las heridas de la ira. Nos sentimos tan cómodos, seguros y relajados que podemos hablar con cualquiera sin enfadarnos. Incluso si alguien nos insulta, respondemos con paciencia y compasión, tal como hizo el Buda con Akkosana.

Deseo y anhelo

El deseo se halla por doquier. Todos los seres vivos albergan el deseo de seguir vivos. Incluso las plantas «se esfuerzan» por reproducirse. El anhelo es nuestro creador. El anhelo del uno por el otro de nuestros padres y nuestro anhelo de renacer se combinaron para crearnos a nosotros. Incluso las sensaciones dolorosas dan lugar al anhelo. Cuando surge una sensación dolorosa, no nos gusta, y entonces deseamos deshacernos del dolor y disfrutar del placer. Ambos deseos son anhelo.

Seguramente creemos que el deseo es ineludible. Sin él, no habría nacimiento y la vida, tal como la conocemos, terminaría. Y, en cierto modo, tenemos razón. El deseo es la motivación subyacente que permite la continuidad de la vida en el *samsara*, el ciclo de muerte y renacimiento incontrolados. Como afirma el *sutta*: «Todos los *dhammas* convergen en la sensación».

Por supuesto, no sufrimos todo el tiempo en nuestra vida, sino que también existen momentos de placer y disfrute. Sesenta de estos momentos se mencionan en el *Sutta de los cuatro fundamentos del mindfulness*. El disfrute es la recompensa que recibimos a cambio de todo este sufrimiento. Por eso seguimos viviendo. Pero debemos trabajar muy duro para obtener este placer, puesto que va acompañado del dolor. Tal como nos enseña nuestra creciente comprensión del mindfulness, cada vez que experimentamos una sensación placentera, nos aferramos a ella. Si alguien nos sugiere que ese aferramiento es problemático, nos disgustamos y tratamos de justificarlo: «¿Cómo podría vivir sin aferrarme a mi familia, a mi casa, a mi país?»

La verdad es que no queremos liberarnos del deseo, ni admitir que aferrarnos a los placeres sensoriales –el sabor de la comida deliciosa, el sonido de la música, el chismorreo o las bromas, el contacto del abrazo sexual– nos aboca de manera inevitable al sufrimiento y el desengaño. Aunque no tenemos que negar que las sensaciones placenteras son agradables, sí que debemos recordar que, como cualquier otra sensación, el placer es transitorio. ¡Desear mantener con nosotros para siempre a una persona, lugar, posesión o experiencia nos aboca a la desesperación!

Además, el deseo de placer sensual nos distrae del mindfulness. Cuando estamos sentados en el cojín, puede surgir en nosotros el deseo de comer un trozo de chocolate o de sentir el contacto de nuestra pareja. Si permitimos que se desarrolle esa sensación, se desvanece nuestra atención plena. Entonces el deseo toma el relevo y pensamos del siguiente modo: «Esta es una sensación hermosa que me proporciona placer. Este sabor, olor, tacto o sonido me resulta agradable… Eso es todo lo que necesito en mi vida. Me hace sentir feliz, cómodo, fuerte y sano. Me proporciona plena satisfacción».

Pero, tal vez, también reconozcamos: «Albergo en mí este deseo», y recordemos que el placer sensorial nos une a esta vida y a las vidas futuras. Interrumpe nuestro mindfulness y bloquea nuestra capacidad de alcanzar estados superiores de concentración. Lo que realmente queremos es disfrutar del intenso placer que procura la meditación profunda, la cual conduce a la liberación del ciclo del sufrimiento. Cuando estamos atados al placer sensorial, la liberación es imposible.

Así pues, utilizamos el mindfulness para penetrar bajo la superficie de nuestro deseo, reflexionando del siguiente modo: «Si me apego a este objeto, terminaré sufriendo [...]. No puedo aferrarme a él para siempre; no tengo forma de controlarlo. Si me involucro en ello, perderé mi atención. He disfrutado de muchas cosas en la vida..., pero ¿dónde están ahora? ¿Por qué sacrificar este precioso momento a cambio de una satisfacción superficial?...» A causa del mindfulness, nuestro deseo se desvanece, al menos provisionalmente. Y, cuando desaparece, nos damos cuenta de que ha desaparecido y reflexionamos en que nuestra mente ya no alberga este deseo, y nos mantenemos atentos para asegurarnos de que no vuelve.

El placer sin dolor solo es posible cuando progresamos hasta los estados superiores del mindfulness. A diferencia del placer sensorial que solo conduce a unos instantes de felicidad temporal, la alegría que sentimos cuando alcanzamos la concentración profunda nos aporta paz y tranquilidad. Esta sensación beneficiosa va acompañada de energía y concentración, junto con el sano deseo de volver a experimentar ese maravilloso sentimiento de alegría una y otrsa vez. (Exploro este tema con mucho más detalle en mi libro *Más allá del mindfulness*.)

Engaño

El engaño es la manera confusa en que vemos todos los objetos, incluyéndonos a *nosotros* mismos, como permanentes y dotados de un yo o alma. A causa de esta confusión, creemos que los objetos y nuestras sensaciones acerca de ellos –agradables, desagradables o neutras– pueden aportarnos felicidad permanente o bien causarnos desdicha permanente.

Muchas veces nos percatamos de esta confusión cuando experimentamos una sensación neutra. A pesar de que estamos sanos y de que llevamos a cabo nuestra meditación tan bien como podemos, albergamos algún tipo de sensación molesta en nuestra mente. Aunque esta sensación sea neutra, es decir, ni agradable ni desagradable, su tendencia subyacente es la confusión que nos lleva a pensar: «*Yo* existo. Así es como funciona mi yo. Esta sensación y el resto de sensaciones forman parte de *mí*».

¿Qué es lo que origina esta confusión? Por un lado, cuando recordamos nuestra infancia, creemos que es el mismo *yo* el que existía entonces y el que existe en el presente, obviando las muchas maneras en que nuestro cuerpo, sensaciones y el resto de los agregados han cambiado desde que éramos niños. También creemos que es este mismo *yo* el que vivirá hasta nuestra vejez, e incluso hasta la vida siguiente, ignorando todos los cambios que ocurrirán desde ahora hasta entonces.

La información que nos suministran los sentidos parece apoyar esta visión errónea. Cuando vemos ahora nuestro cuerpo, escuchamos nuestra voz, olfateamos nuestro olor, saboreamos comida y bebida, y tocamos objetos físicos, pensamos: «Estos son los mismos sentidos que tenía ayer, la semana pasada, el mes pasado, hace ochenta años. Todavía recuerdo la conversación que mantuve con él o con ella. El mismo *yo* que existía entonces sigue existiendo a lo largo del tiempo».

Sin embargo, incluso una comprensión básica de la transitoriedad revela que esta creencia está equivocada. Todas las formas, sensaciones, percepciones, pensamientos, e incluso la consciencia misma, son transitorios: se originan, existen durante un tiempo y luego desaparecen. Por fortuna, nuestros confusos hábitos mentales, incluido el mismo engaño, también son transitorios. Al igual que el enfado y el anhelo, el engaño surge dependiendo de causas y condiciones. Cuando estas causas y condiciones cambian, tal como puede propiciar la práctica del mindfulness, el engaño se desvanece.

Ecuanimidad

El sentimiento positivo que aspiramos a cultivar a través de la práctica del mindfulness es la ecuanimidad. Cuando reposamos en la ecuanimidad, nuestras sensaciones se hallan en perfecto equilibrio. En ese caso, no nos alejamos de las sensaciones desagradables ni nos aferramos a las placenteras. No estamos engañados por la ignorancia y vemos todo con gran claridad. Dado que no nos identificamos con las sensaciones, estas fluyen silenciosamente, dejándonos en paz. El sentimiento de ecuanimidad es neutro, aunque también espiritual. No es agradable ni desagradable, pero no es indiferente. Nos mantiene despiertos y alerta y nos permite proseguir la observación de nuestro cuerpo, sensaciones, pensamientos y otras experiencias, sin vernos empujados ni arrastrados por el deseo o la aversión.

Como señala el *sutta*, cuando nos hallamos en un estado de ecuanimidad y percibimos una visión agradable, desagradable o neutra, reconocemos que es condicionada, burda y surgida de manera dependiente. Entonces volvemos a la ecuanimidad en un abrir y cerrar de ojos. Lo mismo es aplicable a cada uno de los otros sentidos:

> Cuando [los meditadores] escuchan un sonido agradable, desagradable o neutro, entienden que es condicionado, burdo y surgido de modo dependiente. Entonces devuelven su mente a la ecuanimidad tan rápido como un hombre chasquea sus dedos.
>
> Cuando huelen un olor agradable, desagradable o neutro, entienden que se trata de un olor condicionado, burdo y dependiente. Luego devuelven su mente a la ecuanimidad tan rápido como las gotas de agua resbalan por una hoja de loto inclinada. [...]

Del mismo modo, cuando experimentan una idea en su mente y aparece una sensación placentera, desagradable o neutra, entienden que esta es condicionada, burda y dependiente. Entonces, al igual que unas cuantas gotas de agua derramadas sobre una plancha de hierro, que ha sido calentada durante todo el día, se evaporan y desaparecen velozmente, aunque la caída de las gotas haya sido lenta, así también, las sensaciones que surgen de las ideas se ven reemplazadas de manera fácil y rápida por la ecuanimidad.

Gracias a la ecuanimidad, ya no nos preocupan los altibajos del placer y el dolor. La mente y el cuerpo están en equilibrio. Nos sentimos libres de inquietud, agitación y preocupación. La confusión ha terminado y descansamos en armonía con la realidad. Incluso desaparece el deseo sutil de que persista una hermosa experiencia. En cambio, sentimos inconmensurable amor-amistad y compasión ilimitada. Habiendo abandonado completamente aquello que el Buda llama sensaciones placenteras de «baja calidad» –los placeres proporcionados por familia, amigos, buena salud o prosperidad–, experimentamos sensaciones placenteras de «alta calidad», es decir, la alegría profunda promovida por los estados superiores de concentración meditativa. Con cada estado superior, nuestro disfrute aumenta hasta que alcanzamos lo que el Buda denomina «la cesación de sensación y percepción». A partir de ahí, podemos pasar al placer de la más alta calidad, el *nibbana*, la completa liberación del sufrimiento.

Parte III. Mindfulness de la mente

8. Mente y consciencia

El Buda explicaba a sus *bhikkhus* lo que le había llevado a superar los pensamientos sanos que surgían en su mente cuando aún era un *bodhisatta* no iluminado.

–Lo que se me ocurrió –dijo el Buda– es dividir mis pensamientos en dos tipos. En un lado, puse los pensamientos de deseo sensual, animadversión y crueldad. Y, en el otro, puse los pensamientos de renuncia, amor-amistad y compasión.

»Así, mientras permanecía diligente, ardiente y resuelto, surgió en mí un pensamiento de deseo sensual. Cuando consideré que este pensamiento conducía a mi propia aflicción y a la aflicción de los demás, se disipó en mí. Cuando consideré que este pensamiento obstruía la sabiduría, causaba dificultades y alejaba del *nibbana*, desapareció. Así pues, lo abandoné, me deshice de él, lo eliminé. [...]

»Aquello en lo que un *bhikkhu* piensa con frecuencia, eso se convierte en la inclinación de su mente. De ese modo, si reflexiona en la renuncia, si abandona el pensamiento del deseo sensual para cultivar el pensamiento de la renuncia, entonces su mente se inclina a los pensamientos de renuncia.

Estas palabras, extraídas del *Sutta de los dos tipos de pensamiento*, ilustran la lección práctica más importante de las enseñanzas del Buda referentes al tercer fundamento del mindfulness, el mindfulness de la mente: cualquier pensamiento que cultivemos con frecuencia se convertirá en un hábito mental. Así pues, el Buda abandonó los pensamientos relativos al placer sensual cultivando pensamientos de renuncia, abandonó los pensamientos de ira reflexionando en la compasión, y abandonó asimismo los pensamientos crueles pensando en el amor-amistad. ¡Cuánto sentido común contiene este consejo!

Pero el consejo del Buda, como nos dice el *sutta*, va un paso más allá, puesto que también advirtió a sus monjes que pensar demasiado –incluso en pensamientos positivos como la renuncia, la compasión y el amor-amistad– agota el cuerpo y tensa la mente. «Cuando la mente está tensa –explica el Buda–, es imposible que se concentre.» Así pues, en lugar de entregarse completamente a los pensamientos, «estabilizó su mente internamente, la calmó, la condujo al estado de aislamiento y concentración». «Meditad, *bhikkhus* –concluye el Buda–. No tardéis en hacerlo o, de lo contrario, luego os arrepentiréis.» Al escuchar esas palabras, «los *bhikkhus* quedaron satisfechos y se deleitaron en las palabras del Bienaventurado».

Cuando trabajamos para alcanzar el estado meditativo de concentración unidireccional que el Buda propone en el *sutta*, encontramos un obstáculo formidable: nuestra mente o consciencia. En los escritos budistas, a menudo se describe la mente descontrolada recurriendo a metáforas animales. A veces es un «elefante salvaje» recién capturado que barrita, pisotea y estira de la cuerda del mindfulness. Otras veces es la «mente errática de mono» que recorre el universo entero con la imaginación. Todos hemos experimentado este tipo de mente. Intentamos meditar, o incluso dormir, pero los pensamientos nos distraen y nos llevan a recordar injusticias, guerras, problemas, lugares, situaciones, libros que hemos leído, gente que conocimos hace mucho tiempo, trabajo, casa, familia, amigos, parientes y muchas otras cosas.

Es obvio, ¡necesitamos que el Buda nos brinde algunos buenos consejos para convencer a este mono de que se tranquilice! El primer paso consiste en observar más detenidamente lo que dice el Buda acerca de la naturaleza de la mente para poder avanzar con una mejor comprensión.

Mente o consciencia

Así pues, ¿qué es la consciencia? ¿Es lo mismo que la mente? ¿Dónde se ubica y cómo funciona? Aunque estas son preguntas complejas, debemos hacer todo lo posible para abordarlas de una manera que nos ayude a profundizar en nuestra práctica del mindfulness. Como el lector ya sabrá, la consciencia es uno de los cinco agregados, además del cuerpo, las sensaciones, las percepciones y los pensamientos. Y, tal como ocurre con el resto de los agregados, la consciencia siempre está cambiando. De hecho, cambia mucho más rápido que cualquier otra cosa.

El hecho de no saber cómo surge la consciencia, cómo termina y qué conduce a ese final es lo que se denomina ignorancia. Por eso la consciencia es tan difícil de entender.

La función del agregado de la consciencia es la alerta básica. A veces, cuando nos referimos a esa función, utilizamos el término «mente». La mente es un fenómeno no físico que percibe, piensa, reconoce, experimenta y reacciona. Es clara y carente de forma, lo que significa que en ella pueden aparecer pensamientos y otros objetos mentales. También se la describe como luminosa, lo cual quiere decir que es «capaz de arrojar luz sobre las cosas» o, dicho en otras palabras, de «conocer».

No hay un solo lugar en el cuerpo donde se ubique la mente. Algunas personas afirman que la mente reside en el corazón. La palabra pali *citta* significa, al mismo tiempo, mente y corazón. Otras personas dicen que se halla en el cerebro. Otros creen incluso que la mente está localizada en la totalidad del cuerpo, si bien opera a través del cerebro y el sistema nervioso central. Por su parte, el Buda no mencionó que el hogar de la mente fuese un lugar particular, sino que simplemente utilizó la expresión «cueva del cuerpo».

Aunque la consciencia está presente en cada pensamiento, percepción y sensación, no mantiene una existencia independiente. De hecho, no nos percatamos de la consciencia en absoluto hasta que se encuentra con un objeto. La consciencia surge dependiendo de los seis sentidos y del contacto de estos con sus objetos correspondientes. Incluso recibe distintos nombres según el sentido a través del cual emerge: consciencia visual, consciencia olfativa, consciencia táctil, etcétera. Por ejemplo, cuando el oído establece contacto con el sonido de un silbato de tren o cuando una mujer canta, se manifiesta la consciencia auditiva. Cuando la mente contacta con objetos internos, tales como pensamientos y memorias, aparece la consciencia mental.

Por tanto, no existe tal cosa como la mente aislada o la mera consciencia, sino que solo conocemos la mente gracias a sus contenidos. Siempre se adhiere a un pensamiento, sensación, percepción, el cuerpo o algún objeto mental. En sí misma, la consciencia que surge como resultado del contacto con los objetos es pura. Pero, casi de manera simultánea con la consciencia, también surge el deseo («quiero esto»), el odio («no quiero eso»), la ilusión («esto soy yo») o alguna confusión relacionada. La mente quiere brillar por sí misma, pero sus contenidos mentales no se lo permiten. Ocultan su luminosidad y distorsionan nuestra capacidad para conocer las cosas tal como son.

Lo más que podemos decir es que la mente es un fenómeno transitorio y dependiente que emerge como resultado de causas y condiciones. Entendiéndolo de esta manera, en lugar de la palabra «mente», tiene más sentido hablar del «complejo cuerpo-mente», es decir, de una combinación de factores mentales (incluyendo contacto, sensación, percepción, atención, concentración, fuerza vital y volición) que cooperan en cada momento de consciencia.

Puesto que la consciencia aparece como resultado de causas y condiciones, la consciencia de esta vida también debe derivarse de causas y condiciones.

Así pues, ¿cuál es nuestro papel en este proceso? ¿Elegimos nuestra vida presente? ¿Podemos decidir dónde se manifestará, en el futuro, esta corriente de consciencia? Por desgracia, la respuesta a ambas preguntas es no o al menos no directamente.

Como explica el Buda, en el momento de la muerte, ya hemos llevado a cabo todos los preparativos relacionados con la próxima vida, pero no escribiendo un testamento, sino participando en incontables acciones de cuerpo, palabra y mente. Estos pensamientos, palabras y acciones son causas, la primera mitad del principio universal de causa y efecto conocido como *kamma* (o karma). Por su parte, nuestra vida actual constituye la segunda mitad de dicho principio, esto es, el resultado de las causas que creamos en vidas anteriores. Nuestro *kamma*, en combinación con nuestro anhelo de renacimiento y nuestra ignorancia, nos impulsa a iniciar de nuevo el proceso de nacimiento, vejez y muerte.

El *kamma* que hemos creado determina cuál será la naturaleza de nuestro renacimiento: las buenas acciones conducen a un renacimiento afortunado; las malas acciones, a uno desafortunado.

Por supuesto, la buena noticia es que hay una cosa que podemos hacer ahora mismo para asegurarnos de que nuestra próxima vida sea afortunada. Aquí y ahora, mientras estamos vivos, podemos utilizar el mindfulness para entrenarnos a evitar pensamientos, palabras y acciones motivadas por el deseo sensual, la ira, la crueldad y otras causas de *kamma* negativo y para cultivar acciones beneficiosas motivadas por la renuncia, la compasión, el amor-amistad y otras causas de buen *kamma*.

Purificar la mente

Entonces, ¿cómo practicamos el mindfulness de la mente? Puesto que tan solo conocemos la mente a través de sus contenidos, no podemos contemplar o enfocarnos en la mente de manera aislada. En pocas palabras, la práctica consiste en limpiar la mente para que las tendencias dañinas que nos conducen al deseo, el odio y la ignorancia –las mismas tendencias que nos llevan a renacer– no tengan la oportunidad de manifestarse en forma de acciones. Si se presentan, hacemos el esfuerzo de superarlas. Y, una vez que las hemos superado, nos esforzamos en reemplazarlas con estados de ánimo beneficiosos.

El deseo, el odio, el engaño y otros venenos son capaces de contaminar la mente debido a las tendencias o inclinaciones perjudiciales que crean nuestras acciones pasadas. Como el Buda explica en el *Sutta de los dos tipos de pensamiento*, citado al principio de este capítulo, cualquier pensamiento que cultivamos con frecuencia se convierte en un hábito. Por ejemplo, cuando estamos acostumbrados a los pensamientos de enfado, es más fácil que, en el futuro, tengamos ese tipo de pensamientos.

Estas tendencias perjudiciales se ocultan en el seno de la mente hasta que se ven activadas por el contacto con los objetos y situaciones externas. Por ese motivo, por ejemplo, pasar tiempo con personas enfadadas puede activar nuestra propia tendencia a la ira. Sin embargo, una vez que la mente ha sido purificada, ya no tenemos que proteger nuestros sentidos contra las situaciones externas que pueden estimular pensamientos engañosos. La persona que nos insulta ya no nos enfurece; la persona que anhela el vino y nos invita a beber no nos hace querer emborracharnos. Como explica el *sutta*:

> Igual que la lluvia penetra en una casa con una techumbre de paja, también el anhelo entra en una mente carente de entrenamiento. Así como la lluvia no entra en una casa bien cuidada, el anhelo no penetra en una mente bien entrenada.

Preocuparse por las acciones negativas que hemos cometido en el pasado, o detenerse en ellas, es una pérdida de tiempo y energía. En su lugar, deberíamos invertir nuestros esfuerzos en cultivar pensamientos beneficiosos para abandonar y reemplazar los pensamientos dañinos. De hecho, debemos cultivar sin cesar pensamientos de generosidad, compasión, amor-amistad y ecuanimidad para debilitar y destruir las tendencias dañinas y crear otras beneficiosas.

El modo de conseguirlo de la manera más eficaz es practicar la meditación del mindfulness. Como he mencionado, nuestra práctica consiste en dos tipos de meditación: la meditación de concentración, o *samatha*, y la meditación de la visión profunda, o *vipassana*. La meditación de concentración suprime los obstáculos y consigue que la mente se torne tranquila, pacífica y luminosa. Los obstáculos son tendencias negativas que obstruyen nuestro progreso espiritual e interfieren en nuestra capacidad de concentración. En el capítulo 10, ofrezco más explicaciones acerca de los obstáculos. La meditación de la visión profunda, por su parte, a la que hemos estado llamando mindfulness, erradica los obstáculos y el resto de tendencias negativas. Nos ayuda a superar la ignorancia para liberarnos del *samsara*, el ciclo repetitivo de nacimientos y muertes.

Puntos clave para practicar el mindfulness de la mente

- Si estás sentado en tu cojín de meditación, y un deseo, como la lujuria, surge en tu mente, ¿qué deberías hacer? Primero, reconocer que, si no existiese una tendencia al anhelo en tu mente, este no surgiría. Aunque tu mente sea luminosa, no es totalmente pura.
- Luego debes reconocer la posibilidad de liberar tu mente del deseo. Observa tus pensamientos sin seguirlos hasta que se desvanezca dicho anhelo.
- Cuando finalice el anhelo, reconoce que se ha marchado y piensa: «¡Esto es maravilloso! Anteriormente, mi mente estaba llena de deseo y ahora el deseo ha desaparecido. Eso significa que hasta yo tengo la oportunidad de liberar mi mente del anhelo».

- Reflexiona en la naturaleza de una mente libre de anhelos. Renunciar a los pensamientos de placer sensual aporta generosidad, gentileza, compasión y felicidad. Dotado de esta confianza, sigues adelante.

- En otra ocasión, mientras meditas, tal vez escuches un sonido. Alguien hace ruido al caminar, tose, estornuda o ronca. Y, en ese momento, aparece la aversión o la ira.

- Te irritas y empiezas a preguntarte: «¿Por qué esta persona no camina en silencio? ¿Por qué no toma algún remedio para la tos? ¿Por qué no se queda sola en una cabaña y medita sin molestar a los demás? ¿Por qué alguien que esté sentado al lado de la persona que ronca no la despierta?»

- Entonces te importunan estas preguntas y muchos pensamientos más que hacen que te enfades. Los pensamientos relacionados con la ira pueden aparecer en cualquiera de las cuatro posturas: sentado, de pie, caminando o acostado.

- Cuando surge el rechazo, reconoces que en ti han surgido pensamientos de rechazo y que estos pensamientos aparecen en dependencia de experiencias anteriores y se manifiestan dependiendo de causas y condiciones. Sin embargo, no puedes predecir cuándo surgirá el rechazo.

- Así pues, utilizas las técnicas de mindfulness que has estado practicando para superar este tipo de pensamientos, es decir, prestas atención al pensamiento sin seguirlo o bien observas el impacto que el rechazo tiene en tu consciencia. No repares en ningún incidente, ninguna situación o persona concreta. No digas: «Mi mente está llena de rechazo». Las palabras bloquean la consciencia de lo que ocurre en tu mente. Basta con prestar atención y reconocer lo que surge como algo que surge.

• Reflexiona en la naturaleza de una mente libre de rechazo. Es hermosa, tranquila, relajada y llena de amor-amistad.

• De repente, también aparecen pensamientos de amistad y compasión que no tienen ningún objeto en particular y no se enfocan en ninguna persona concreta. Reconócelos, siéntelos, profundiza en ellos, acéptalos, sencillamente acompáñalos.

• La mente debe estar libre de engaño para llegar a comprender que está libre de engaño. Antes de que el engaño surgiera en tu mente, estaba clara, al igual que, antes de que te quedaras dormido, estabas despierto. Todo lo que necesitas hacer en ese momento es prestar atención al hecho de que tu mente está clara.

• Cuando prestas atención, las nubes del engaño se disipan poco a poco y aparece de nuevo la mente azul claro como el cielo. Ves también que la consciencia siempre está cambiando. Los pensamientos surgen y desaparecen. Son transitorios. Cuando surge el engaño, le prestas atención, sabiendo que es un engaño y luego se desvanece poco a poco. Sabes entonces que la mente está clara, consciente y luminosa.

9. Estados mentales

Un día, alguien llevó al templo un delicioso plato de pescado para ofrecérselo a los monjes. En ese templo vivía un monje y un joven trabajador del templo. Cuando el monje se sentó a comer, el muchacho le ofreció todo el plato, que contenía ocho trozos pequeños de pescado. El monje tomó tres a la vez.

Mientras el monje comía, el joven observaba atentamente, diciéndose a sí mismo: «Bueno, es el monje cabeza del templo. Puede comer tres trozos. Hay cinco más. Queda suficiente para que yo también coma y cene».

Cuando el monje terminó de comer, alargó el brazo para tomar más pescado.

El joven pensó: «Ciertamente, él es el monje principal del templo. Se merece la mitad de este plato. Puede tomar uno más».

Esta vez el monje se llevó dos trozos. Entonces el muchacho pensó: «No importa, puede tomar cinco piezas. Hay tres más. Es suficiente para mí».

Después de comer esos dos trozos, el monje se sirvió dos más, dejando solo un trocito de pescado en el plato.

Entonces el muchacho pensó: «No importa. Soy pequeño. Él es grande. Un trozo es suficiente para mí».

Cuando el monje tomó la última pieza, la paciencia del muchacho se agotó.

–¡Venerable señor! –protestó–, ¿vas a comerte todos los trozos sin dejar nada para mí?

En su codicia por el pescado, el monje prestó tan poca atención que se olvidó por completo del trabajador fiel del templo, que esperaba pacientemente su turno para comer. El monje se sintió tan avergonzado que, a partir de ese día, se abstuvo de comer con avaricia.

Desarrollar el mindfulness de la codicia y otros estados mentales es un trabajo arduo. Como hemos señalado, dado que solo percibimos la mente a través de sus contenidos, no podemos contemplar la mente en sí misma. Cuando aparece en nuestra mente una consciencia caracterizada por la codicia, en lugar de observar la mente, hacemos rápidamente lo que demanda la mente codiciosa, como hemos visto en la historia del monje avaricioso y el trabajador del templo. De ese modo, seguimos nuestro instinto, actuando de forma ciega e impulsiva, aunque sospechemos que después nos arrepentiremos de nuestras acciones. Una vez que la mente cae en una obsesión, rara vez tenemos suficiente disciplina para ser conscientes de ello, y hablamos, pensamos y actuamos de manera precipitada.

Sin embargo, el entrenamiento del mindfulness nos enseña a detenernos y observar la mente. Primero, practicamos mientras estamos sentados en el cojín. A medida que los pensamientos van y vienen, los vemos surgir, alcanzar su punto álgido y desaparecer. Puesto que, en esos momentos, no estamos comprometidos en una acción inmediata, basada en nuestros impulsos, somos capaces de evaluar con calma los estados mentales. El *Sutta de los cuatro fundamentos del mindfulness* recomienda que observemos en especial ocho pares de estados mentales. De ese modo, nuestro objetivo es aprender a reconocer si la mente es (o está):

1. Codiciosa o no codiciosa.
2. Odiosa o no odiosa.
3. Engañada o no engañada.
4. Contraída/distraída o no contraída/no distraída.
5. Desarrollada o no desarrollada.
6. Suprema o no suprema.
7. Concentrada o no concentrada.
8. Liberada o no liberada.

Los primeros cuatro pares de estados mentales se pueden experimentar tanto durante las sesiones meditativas como llevando a cabo nuestras actividades cotidianas. Después de practicar con ellos el mindfulness en el cojín, a menudo nos resulta más fácil ser conscientes de ellos en otras ocasiones. Los últimos cuatro pares tienen que ver con estados que solo es posible alcanzar con una práctica dedicada de meditación. El mero conocimiento de la existencia de esos estados nos inspira a tratar de alcanzarlos. Para empezar, vamos a considerar someramente cada pareja para ayudarnos a reconocer estos estados mentales.

Codiciosa o no codiciosa. Todos hemos actuado siguiendo un impulso, como el monje avaricioso. Supongamos que vemos en la mesa de un bufé un plato de comida que nos gusta mucho. En ese momento, se activa nuestra mente codiciosa. Nos abalanzamos sobre el plato y nos servimos una gran porción sin pensar en la gente que aguarda en la cola detrás de nosotros observando el mismo plato. El objetivo del entrenamiento del mindfulness es cobrar consciencia de nuestros estados mentales para poder tomar medidas que cortocircuiten nuestras acciones impulsivas. En el momento en que advertimos que nuestra mente está obsesionada, pensamos en la incomodidad que podríamos causar a los que también esperan su turno. Al igual que el monje avaricioso del relato anterior, aplicamos la disciplina del mindfulness de una manera práctica para modificar nuestro comportamiento.

Cuando nuestra codicia desaparece, aunque sea durante un breve periodo, nos sentimos más cómodos de inmediato. No solo nos damos cuenta de ese estado de alivio, sino que también reconocemos que la codicia puede aparecer en cualquier momento, lugar y situación. Si prestamos atención, descubriremos numerosas oportunidades para reflexionar sobre nuestros estados mentales y practicar el autocontrol.

Camino tanto como puedo todos los días y, muchas veces, descubro ciervos que han sido abatidos por los cazadores. A veces los cazadores no los localizan y los cadáveres se pudren al borde del sendero. También encuentro basura: latas de cerveza, botellas de licor, antenas de televisión, neveras, mesas y otros desperdicios domésticos. A lo largo de la primavera y el verano, esta basura también se descompone.

Dado que deseo un medio ambiente no contaminado, estas visiones a veces perturban mi mente. Pero entonces interviene el mindfulness y me recuerdo a mí mismo que el deseo me hace más mal que bien. Incluso el deseo sano de que la gente deje de cazar o de deshacerse de su basura desestabiliza mi mente y me hace sufrir. Así pues, en lugar de apegarme a mis principios ambientales, me recuerdo a mí mismo que no puedo arreglar el mundo entero y suelto ese deseo. Tal vez no sea capaz de eliminar la codicia del mundo, pero puedo deshacerme de la mía. En cuanto lo hago, empiezo a relajarme y, en ese preciso momento, experimento paz.

Odiosa o no odiosa. En su estado natural, la mente es como el agua fresca, tranquila y clara. Los pensamientos de odio recalientan la mente y, bajo su influencia, hierve como el agua en una olla, distorsionando nuestra capacidad para pensar con claridad o ver las cosas tal como son. Entonces se disuelve nuestro estado mental relajado, tranquilo y pacífico, y la mente bulle con celos, venganza y pensamientos maliciosos o crueles. Queremos hacer daño a alguien. Si no intervenimos mediante el mindfulness, la mente ordena que la lengua se active y hacemos daño a los demás con nuestras palabras hirientes.

El mindfulness sofoca la ira, quitándole el combustible que necesita para seguir ardiendo. Cuando el odio impera en nuestra mente, debemos pensar: «El odio me enferma. Mis pensamientos están confusos. Una mente enferma arruina el propósito de la meditación. Solo con una mente tranquila y en paz puedo verme a mí mismo claramente y alcanzar mi objetivo». El Buda describió el alivio que sentimos cuando vencemos los pensamientos llenos de odio de esta manera:

> Supongamos que un hombre enfermara y se viese afligido por una grave dolencia que le impidiese disfrutar de la comida y que menguase su fuerza. Pasado algún tiempo, se recupera de esa enfermedad y vuelve a disfrutar de la comida y de su vigor corporal. Al reflexionar en ello, la consecuencia sería que estaría contento y experimentaría alegría.

Engañada o no engañada. Reconocer el engaño es difícil. ¡La mente debe estar libre de engaño para comprender que está libre de engaño! Entonces, ¿cómo podemos decir que estamos engañados? El secreto estriba en recordar que, por naturaleza, la mente es clara y luminosa. Hemos experimentado esta claridad muchas veces, quizá durante una sesión sosegada de meditación, o justo antes de quedarnos dormidos, o recién despiertos por la mañana. Deberíamos establecer el hábito de advertir esta claridad en el momento en que ocurre. Entonces, cuando surja el engaño, será más fácil reconocerlo.

El engaño se manifiesta casi siempre en forma de confusión

acerca de quiénes somos y el modo en que existimos. Cuando la codicia o el odio intensos se apoderan de la mente, pensamos: «Debo tener eso» o «Lo desprecio». El *yo* que surge en ese momento se siente muy sólido y necesitado. Es como si la mente estuviese atrapada en la prisión de esa necesidad perentoria. Sentimos que, en el caso de que no podamos satisfacer esa necesidad, ¡moriremos! Pero debemos recordar que, antes de que la mente se viese atrapada, era libre. Ese recuerdo de la libertad nos ayuda a practicar el mindfulness.

La clave radica en la transitoriedad. Cuando prestamos atención a los pensamientos engañosos, la nube de la confusión va desvaneciéndose poco a poco y no tarda en aparecer de nuevo el cielo despejado y azul de la mente. Cuando reconocemos el engaño como engaño, este cesa, al menos de manera provisional. Pero, una vez alcanzada la liberación del *nibbana*, la emancipación del engaño se vuelve permanente.

Contraída/distraída o no contraída/distraída. Una mente contraída está deprimida o retraída. Este estado mental, relacionado con el desagrado, puede acaecer en cualquier momento. A veces lo experimentamos cuando estamos sentados en el cojín y surge la idea de que no progresamos en nuestra meditación. Pensamos entonces: «Nada me funciona. Todos los demás son felices y están en paz. ¡Yo soy el único que nunca lo hace bien!». Esta mente también aparece durante las actividades ordinarias, llevándonos a pensar, por ejemplo: «Nadie me ama. Soy viejo, gordo y feo».

Cuando somos conscientes de que la mente se halla constreñida de esta manera, lo único que hay que hacer es seguir observando y observando. No racionalices o te justifiques. No permitas que un pensamiento te lleve a otro. No te aferres a nada. Tan solo presta atención. Este estado de ánimo también es transitorio y, como cualquier otro, se desvanecerá poco a poco.

Lo opuesto de una mente contraída es una mente distraída. La mente se expande más allá de todos sus límites. Todo el universo parece abierto y acogedor. Sentimos que realmente somos alguien especial. Pero ese estado mental también es un obstáculo. Si no lo controlamos con una atención deliberada, se escurre como la «mente de mono» y viaja por todo el universo por medio de la imaginación.

Desarrollada o no desarrollada. En nuestra consciencia cotidiana, no experimentamos el estado mental desarrollado. Algunos traductores utilizan la palabra *exaltado* para referirse a él. Alcanzamos este estado de calma, paz y tranquilidad solo como resultado de una profunda meditación de concentración. En ese caso, la mente va más allá de la consciencia ordinaria. Nos sentimos como si estuviésemos flotando a unos metros por encima del suelo. La mente se siente en armonía, relajada, serena, luminosa y equilibrada. Ni siquiera los meditadores consumados alcanzan ese estado cada vez que practican.

Cuando concluye la sesión de meditación y la mente vuelve a la consciencia ordinaria, experimentamos un estado mental no desarrollado. Es entonces cuando retorna nuestra cons ciencia habitual con sus experiencias sensoriales. Nos damos cuenta entonces de que la mente no es nada en especial.

Suprema o no suprema. El siguiente par de estados mentales también se refiere a los logros meditativos de la concentración profunda. «Supremo» significa que hemos logrado «el estado más elevado». Después de que el Buda se iluminase, señaló que su mente había alcanzado un estado insuperable, incomparable o trascendente. Un meditador consumado también puede acceder a este tipo de experiencia mental, en el que la mente es pura, dócil, estable e imperturbable. Pero, por más maravilloso que sea, dicho estado también es temporal. Solo cuando logramos la liberación, se convierte en algo permanente. Ningún otro estado mental obtenido durante la meditación tiene un carácter supremo. Este término reconoce que sabemos que es posible, para nosotros, alcanzar un estado superior.

Concentrada o no concentrada. En ocasiones, cuando meditamos, la mente es capaz de concentrarse sin interrupción en un objeto. Cuando obtenemos este grado de focalización en un solo punto, nos entrenamos para ser conscientes de ello, reconociendo la mente concentrada como mente concentrada. Por otro lado, cuando la mente se contrae o distrae, reconocemos que nuestro estado mental no está concentrado.

A veces, en lugar de cultivar una consciencia simple cuando su mente se distrae, la persona se queja: «Mi mente salta por todas partes. Soy incapaz de concentrarme». Pensar en estos términos solo conduce a más quejas y preocupaciones. En cambio, debemos seguir el consejo del Buda y, sencillamente, darnos cuenta de ello. Entonces, la mente no concentrada no tarda en desvanecerse y es posible volver a acceder a la concentración. La clave estriba en observar con mindfulness.

Liberada o no liberada. Una mente liberada está libre de problemas –como codicia, odio, engaño, contracción o distracción– y se halla en un estado desarrollado, supremo y concentrado. En los estados superiores de la meditación de concentración, es posible alcanzar la liberación temporal. Incluso la liberación temporal de los estados mentales perjudiciales es una experiencia muy beneficiosa. No obstante, si seguimos estrictamente los diferentes pasos del mindfulness, la mente puede, a la larga, liberarse por completo.

Trabajar con los estados mentales

Las parejas de estados mentales que hemos abordado no siempre se manifiestan en la mente en el orden expuesto en el *sutta*. Sin embargo, es cierto que, cuando la contraparte de una determinada pareja está presente en la consciencia, la otra no lo está. Así, por ejemplo, cuando la codicia desaparece, disfrutamos del estado de «no» codicia. En el *Sutta de la eliminación del pensamiento distractivo*, el Buda presenta una serie de vívidas comparaciones que ilustran diferentes métodos para superar los estados mentales negativos y experimentar sus opuestos. Estos métodos se enumeran por orden de fuerza creciente. Si falla uno de ellos, probamos con el siguiente.

- Reemplázalo: la codicia, el odio o el engaño surgen porque prestamos una atención desequilibrada a un determinado aspecto de un objeto. En su lugar, pasamos a prestar atención a otro aspecto sano, igual que un experto carpintero que trata de ensamblar un mueble puede extraer una clavija grande golpeando una más fina.
- Recuerda el sufrimiento que origina: si el estado mental no desaparece, examina los peligros que acarrea. Reflexiona en que tales pensamientos son censurables y abocan al sufrimiento, así como un hombre joven o una mujer joven aficionados a los ornamentos se sentirían horrorizados, humillados y disgustados si descubriesen que llevan alrededor del cuello el esqueleto de una serpiente.
- Ignóralo: si el pensamiento persiste, trata de obviarlo. No le prestes atención, así como un hombre con buena visión, que no quisiera ver algo negativo, cerraría los ojos o apartaría la mirada.
- Recuerda que es transitorio: si el pensamiento persiste, recuerda que todo estado mental nace y desaparece. Al abandonar el primer estado, la mente cambia al siguiente, tal como un hombre que camina rápido podría pensar: «¿Por qué estoy andando a esta velocidad? ¿Y si caminase más despacio?». Y entonces se pone a andar despacio.

Pero después piensa: «¿Por qué ando despacio? ¿Y si me quedo parado de pie?». Y entonces se queda parado de pie. Más tarde piensa: «¿Por qué estoy de pie? ¿Y si me siento?». Entonces se sienta. Y después piensa: «¿Por qué estoy sentado? ¿Y si me acuesto?». Y entonces se acuesta.

• Doblégalo: si el pensamiento todavía persiste en tu mente, entonces, con los dientes apretados y la lengua presionando el paladar, aplica toda tu energía para vencerlo. Aplasta la mente con la mente, así como un hombre fuerte agarraría a un hombre más débil por la cabeza o los hombros para golpearlo, obligarlo y doblegarlo.

Aunque los estados mentales negativos sean más problemáticos y requieran, por tanto, medidas poderosas para vencerlos, también debemos utilizar el mindfulness para alentar estados sanos y beneficiosos. Por ejemplo, cuando surgen pensamientos de generosidad, amor-amistad, aprecio y ecuanimidad, debemos preguntarnos: «¿Es mi mindfulness lo suficientemente estable como para mantenerlos? En caso contrario, ¿qué otra cosa puedo hacer?». Por ejemplo, podemos introducir cambios en nuestro estilo de vida, como vivir en un lugar adecuado, mantener la casa limpia, reunirnos con amigos de ideas afines, leer libros inspiradores y desarrollar con diligencia una práctica diaria de mindfulness.

Mediante el esfuerzo y la atención plena podemos desarrollar estados mentales maravillosos, incluyendo confianza, paciencia, concentración, atención, pensamientos de servicio, pensamientos de simplicidad, determinación hacia el bien, pensamientos de satisfacción y pensamientos de sabiduría.

Puntos clave para meditar en los estados mentales

- Para practicar el mindfulness de la mente, comienza cada día meditando y utilizando la respiración como foco principal. A medida que la respiración se torne más tranquila, sutil y relajada, la mente también se tranquiliza y se relaja.
- Practica la alerta a tus estados mentales viéndolos surgir, alcanzar su punto álgido y desaparecer. La práctica de la alerta en el cojín te ayuda a permanecer alerta, posteriormente, hacia los estados mentales en la vida cotidiana.
- La consciencia de la transitoriedad también es transitoria. Por eso, al tiempo que la mente observa los estados mentales surgir, alcanzar su punto álgido y desaparecer, también va alejándose de esta consciencia. Mientras prestamos atención a los cambios de un estado mental, surge otro. Tras abandonar el primer estado, nuestra mente pasa al segundo. Esto significa que la mente que observa la transitoriedad también está cambiando.
- Si prestar atención plena a la transitoriedad de un estado mental dañino no es suficiente para vencerlo, probamos un método más contundente.
- Cuando la codicia, el odio, el engaño y otros estados perjudiciales son abandonados, la mente se calma y se esta-

biliza internamente. En dicho estado, puede ser conducida a la unidireccionalidad y la concentración.

• La estabilidad y el trabajo conjunto del mindfulness y la concentración nos permiten advertir los innumerables cambios simultáneos que ocurren en la mente.

• Debes aplicar sin conceptos la atención y el mindfulness. Las ideas o pensamientos son obstáculos. En su ausencia, podemos enfocar la mente en los cinco agregados como si se tratase de un rayo láser. Entonces la mente percibe que *yo* existo solo cuando existen el cuerpo, las sensaciones, las percepciones, los pensamientos y la consciencia, y que ellos, a su vez, existen en función de causas y condiciones. Dado que son transitorios, no podemos encontrar ningún «sí mismo», alma o *yo* en ninguno de los agregados.

• Cada momento es un momento nuevo. Cada momento es un momento fresco. Cada momento aporta una nueva visión profunda y un nuevo entendimiento.

• Nada es estático. Todo es dinámico. Todo cambia. Todo está apareciendo y desapareciendo. La sensación surge y desaparece. El pensamiento surge y desaparece. La percepción surge y desaparece. La consciencia surge y desaparece. Solo experimentas el cambio.

• En el estado mental de concentración profunda, ves las cosas como realmente son.

Parte IV. Mindfulness del *Dhamma*

10. Obstáculos

En cierta ocasión en que el venerable Anuruddha meditaba en reclusión, se le ocurrieron siete pensamientos. Conociendo los pensamientos de Anuruddha, el Buda se le apareció.

Tras sentarse en un asiento preparado para él, el Bienaventurado dijo:

–Bien, Anuruddha, muy bien. Es excelente que reflexiones en estos siete pensamientos de una gran persona: este *dhamma* es para alguien que es modesto, no para quien es fanfarrón; para alguien que está contento, no para quien está descontento; para alguien solitario, no para quien se enreda en la sociedad. Este *dhamma* es para el enérgico, no para el perezoso; para el que está atento, no para el inconsciente; para el que tiene la mente centrada, no para quien tiene la mente distraída; para el que tiene discernimiento, no para quien es irresponsable.

»Ahora bien, Anuruddha, piensa en el octavo pensamiento de una gran persona: este *dhamma* es para alguien sabio, no para quien se deleita en el engaño.

Entonces el Buda impartió a Anuruddha instrucciones para

utilizar sus comprensiones y alcanzar los estados de concentración profunda. [...]

Viviendo solo, aislado, atento, ardiente y resuelto, Anuruddha
aplicó las instrucciones del Buda y en poco tiempo alcanzó
la liberación, la meta suprema de la vida santa. Habiéndose
convertido en uno de los *arahants*, Anuruddha recitó las
siguientes palabras:

Percibiendo mis pensamientos, el Maestro vino a mí.
Y no solo me enseñó de acuerdo con mis pensamientos, sino
que añadió aún más.
Deleitándose en el no engaño, enseñó la sabiduría.
Conociendo su *Dhamma*, me encantó seguir sus indicaciones.
Ha sido obtenido el conocimiento;
se ha cumplido la voluntad del Buda.

Llegamos ahora al mindfulness del *Dhamma*, la última sección
del *Sutta de los cuatro fundamentos del mindfulness*, la cual
contiene instrucciones y consejos prácticos para ayudarnos a
superar las cosas que nos impiden progresar en nuestra meditación. Como ilustra la historia de Anuruddha, se requieren
cualidades sobresalientes de mente y corazón para alcanzar
nuestros objetivos espirituales. Así pues, tenemos que ser mo-
destos, estar contentos, aislados, atentos, centrados y ser conscientes y sabios. Si ya poseemos estas nobles cualidades, el
Dhamma nos beneficiará conduciéndonos a la liberación. Si
todavía no tenemos estas cualidades, el *Dhamma* nos ayuda-

rá a desarrollarlas. Desde el punto de vista de la práctica, el mindfulness nos ayuda a desarrollar, poco a poco, los atributos de la iluminación.

Para empezar, eliminamos los hábitos mentales que interfieren en nuestro progreso en el sendero. Nuestra tarea se parece a preparar una parcela de tierra para cultivar un jardín. De entrada, arrancamos la maleza, las malas hierbas y otros impedimentos obvios. En este capítulo, abordaremos los cinco obstáculos y lo que podemos hacer para eliminarlos.

Una vez limpio el suelo, al menos superficialmente, podemos empezar a trabajar en un nivel más profundo. En el capítulo 11, nos adentraremos en el sistema radicular subyacente a los obstáculos: los cinco agregados del apego, el contacto de los sentidos con los objetos sensoriales y los diez grilletes que surgen de dicho contacto.

Solo cuando hayamos desarraigado estas causas profundas, pueden empezar a crecer las siete cualidades positivas, también llamadas factores de la iluminación. Exploraremos estas cualidades en el capítulo 12. Por último, en el capítulo 13, revisaremos la hoja de ruta que nos brinda el Buda para seguir el sendero del *Dhamma*, es decir, las «cuatro nobles verdades» y los ocho pasos conscientes que constituyen el sendero que debemos recorrer para dirigirnos desde el sufrimiento hasta la libertad.

Los cinco obstáculos

Cuando practicamos la meditación mindfulness, no tardamos en descubrir que no siempre resulta fácil concentrarnos. Ya sea que intentemos enfocarnos en la respiración u observar los cambios en nuestro cuerpo, sensaciones o pensamientos, las distracciones siempre encuentran el modo de apartarnos del camino. Las más poderosas de estas distracciones, que reciben el nombre de «obstáculos», interfieren en nuestra capacidad de concentración tanto durante la meditación como en la vida cotidiana.

Ya hemos mencionado algunos de estos obstáculos. Por ejemplo, observamos que el *deseo* del placer y el *rechazo* del dolor se esconden detrás de muchas de nuestras emociones. Otros obstáculos al progreso en el camino son la *inquietud* y la *preocupación*, la *indolencia* (también llamada *letargo* y *torpeza*) y la *duda*. El mindfulness nos ayuda a conocer cinco cosas importantes acerca de los obstáculos: cuándo están presentes, cuándo están ausentes, cómo se manifiestan, qué hacer para que desaparezcan y cómo evitar que retornen.

Una vez que los obstáculos han sido superados, la mente automáticamente se torna tranquila, brillante y clara. Esta claridad resulta esencial para comprender la naturaleza transitoria, insatisfactoria y carente de yo de todo cuanto existe.

Deseo. En pali, la palabra utilizada en este punto en el *Sutta de los cuatro fundamentos del mindfulness* es *chanda*, que significa «inclinación a sentir placer». Como ya hemos señalado, la inclinación a experimentar visiones, sonidos, olores, sabores y texturas agradables a menudo nos distrae cuando tratamos de meditar. Como todos habremos experimentado, el deseo sensual también perturba nuestra concentración en el trabajo o cuando intentamos concluir alguna tarea doméstica. ¿Con qué frecuencia hemos perdido la concentración porque de repente nos apetece un helado o por el deseo físico que experimentamos hacia nuestro novia o novio? Distracciones como estas son *chanda*, es decir, deseo del placer físico que proporcionan los sentidos.

El deseo también puede aparecer en el sexto sentido: la mente. Así pues, mientras meditamos, a veces el sonido de una canción que nos gusta empieza a apoderarse de nuestra mente. Y entonces, en lugar de prestar atención a su aparición y desaparición, queremos seguir disfrutando de ese sonido. Si no tenemos cuidado, pronto nuestra atención se centrará en la canción y no en la respiración o en otro tema de meditación.

El primer paso para superar el obstáculo del deseo es reconocer su presencia. Así pues, cuando el deseo de ver una película nos distrae de nuestro foco, reconocemos: «Tengo este deseo». A continuación, en lugar de alimentar ese deseo complaciéndonos en disfrutar imaginariamente de él, utilizamos la atención plena para entender su origen e ir más allá de él. Por ejemplo, recordamos que el placer que surge del contacto sensorial existe durante un instante y desaparece a la misma velocidad, dejándonos decepcionados. También podemos reflexionar en lo poco atractivo o dañino que es nuestro deseo. Por ejemplo: «El helado no me conviene. ¡Me salen granos en la cara y me hace engordar!». Y también: «Este deseo altera mi concentración y me impide progresar en la meditación. No pensaré más en él».

Cuando el deseo se desvanece, nos damos cuenta de que ha desaparecido. Por último, aplicamos el esfuerzo vigilante para asegurarnos de que no vuelve, al menos durante el resto de la presente sesión de meditación. Lamentablemente, estas medidas tan solo son una solución provisional. Hasta que no destruyamos las raíces del deseo mediante la meditación de la concentración profunda, este seguirá reapareciendo una y otra vez.

Animadversión. La animadversión incluye cualquier tipo de rechazo, desde la leve irritación hasta el odio virulento. Como hemos discutido, incluso el enfado ordinario nos provoca un sentimiento horrible y destruye nuestra capacidad de concentración. Se relata la historia de un monje que pasó en soledad varios años meditando en el interior de una cueva. Cuando finalmente salió y bajó al pueblo, un transeúnte tropezó con él sin querer y le pisó el dedo del pie. De inmediato el monje le gritó enfadado: «¡Apártate de mi camino!». Por supuesto, tenemos que asumir que este desafortunado monje no meditó correctamente ni utilizó el mindfulness y la concentración para eliminar los obstáculos y destruir sus raíces.

El método para superar el obstáculo de la animadversión es el mismo que hemos expuesto para el deseo. Cuando aparece la irritación, tratamos de advertirla de inmediato para tomar medidas con el fin de superarla antes de que se intensifique. Las sugerencias prácticas para vencer el enfado, contenidas en las páginas 145-149, constituyen un buen punto de partida. Debemos tener en cuenta que cualquier tipo de animadversión surge a partir del deseo de alejarnos físicamente de algo que nos causa incomodidad o dolor. También tenemos que recordar que la animadversión y sus causas son transitorias. Cuando lo consideramos retrospectivamente, a menudo nos sentimos avergonzados porque nos hemos enfadado por algo trivial. Con el tiempo, como todo lo demás, la ira se desvanece.

Pero, hasta que lo haga, practicamos la paciencia para evitar reaccionar en modos de los que podemos arrepentirnos después. La práctica profunda de la paciencia calma la mente y nos infunde serenidad. Por supuesto, la paciencia no consiste en permitir que otras personas nos maltraten, sino, más bien, en ganar tiempo para que nuestras emociones recalentadas se enfríen y seamos capaces de responder de manera amable y apropiada. Si aparece la animadversión mientras tratamos de meditar, debemos recordar que la ira hace imposible pensar con claridad y obstaculiza nuestro progreso en el sendero.

El método más poderoso para deshacerse de la ira es cultivar la mente del amor-amistad o *metta*. No importa lo que alguien haya hecho para enfadarnos, siempre podemos encontrar una razón para sentir compasión hacia él. Tal vez la persona que nos ofendió estaba tratando sinceramente de ayudarnos, o se hallaba físicamente enferma o emocionalmente perturbada. *Metta* ablanda el corazón y nos ayuda a sentir lástima por alguien que ha actuado de manera poco hábil. Así pues, en lugar de atacarlo, pensamos: «¿Cómo puedo ayudarle?».

Cuando tales pensamientos contribuyen a que superemos la animadversión, nos percatamos de que esta ha desaparecido. Entonces aplicamos el mindfulness de manera diligente para evitar que retorne este obstáculo.

Letargo y torpeza. En la vida cotidiana, la pereza física, o letargo, aparece por muchas razones. Para algunos, la pereza es solo un mal hábito. Para otros, es una manera de eludir los sentimientos de descontento o depresión. Cuando comemos en exceso, bebemos demasiado o hemos practicado un ejercicio muy vigoroso, solemos experimentar somnolencia. Si esto se convierte en una ocurrencia regular, la pereza física es un problema porque nos priva de impulso y energía, haciendo imposible ejecutar ningún trabajo. Todo lo que queremos es acostarnos a dormir una siesta.

La pereza mental, o torpeza, es un obstáculo incluso mayor para la concentración. La mente se torna lenta y turbia, como el agua cubierta de vegetación. Todo aquello en lo que intentamos enfocarnos nos parece difuso y muy lejano. Nos resulta imposible leer, pensar, hablar con claridad y hasta la pregunta más simple nos parece confusa. No tenemos ni idea de lo que ocurre a nuestro alrededor ni en nuestro interior. Este estado de opacidad está muy cerca de la ignorancia, la cual recibe, en ocasiones, la denominación de gran sueño.

Cuando meditamos, la respiración, la mente y el cuerpo se relajan tanto que es fácil caer en la somnolencia o el embotamiento. Aunque la somnolencia es muy dulce y le damos la bienvenida en el momento justo, las alegrías de la concentración profunda no nacen de la pereza. No debemos confundir la sensación placentera de relajación física o mental con el logro de estados meditativos elevados. La visión profunda requiere energía, vigor y agudeza.

Cuando reconocemos que estamos bajo la influencia de la pereza, le prestamos atención. Recordamos que el letargo y la torpeza obstaculizan nuestro mindfulness y que tenemos que aplicar diferentes remedios para superarlos. Por ejemplo, recordamos las historias de meditadores diligentes, como Anuruddha, que alcanzaron la liberación practicando con dedicación persistente, ¡y no durmiendo una siesta! Como Anuruddha constató y el Buda le confirmó: «Este *dhamma* es para el enérgico, no para el perezoso».

Verbalizar la pereza también sirve de ayuda. Por ejemplo, decimos en silencio: «He nacido como ser humano. El nacimiento humano es raro. El mejor uso de la vida humana no es entregarse a los placeres de la indolencia y no hacer nada. Mi mente debe estar clara para que pueda liberarme del miedo, la tensión y la preocupación. Mi objetivo final es liberarme de la codicia, el odio y el engaño. La persona indolente no puede alcanzar la felicidad y la paz real». Un *sutta* compara las palabras internas de aliento como las anteriores con un vaquero que guía a las vacas utilizando una vara. Cada vez que alguna de ellas se desvía, la golpea y la hace volver a la manada. Cuando la pereza desaparece, cobramos consciencia de que se ha ido y utilizamos el mindfulness para asegurarnos de que no vuelva.

Recogemos seguidamente algunos sencillos consejos para vencer el letargo y la torpeza y asegurarnos de que no retornen:

Puntos clave para superar la pereza

- Abre los ojos y gíralos durante unos segundos. Cierra los ojos y regresa a tu meditación del mindfulness.
- Visualiza una luz brillante, un cielo soleado o un campo de nieve blanca y deslumbrante. Concentra tu mente en esta imagen durante unos segundos. Cuando llevas a cabo ese tipo de visualización, la somnolencia se desvanece.
- Toma una inhalación profunda y retén el aire el mayor tiempo posible. Luego exhala lentamente. Repite esto varias veces hasta que tu cuerpo se caliente y transpire. Después regresa a tu práctica de mindfulness.
- Levántate y haz de pie la meditación durante unos minutos hasta que desaparezca la somnolencia. Si no lo hace, sigue las instrucciones para el paseo meditativo, contenidas en las páginas 66-67, hasta que se disipe la somnolencia. Luego retorna a tu práctica sedente.

- Lávate la cara con agua fría o pellizca con fuerza los lóbulos de las orejas con los dedos pulgar e índice, y siente realmente el pellizco.

- Recuerda las cualidades sobresalientes del *Buda* y permite que su ejemplo te inspire.

- Si la somnolencia o el embotamiento se presentan con frecuencia, cambia el momento de tu sesión de meditación. Algunas personas sienten mayor alerta temprano por la mañana; otras meditan mejor antes de acostarse. Experimenta con diferentes momentos y encuentra el que mejor se adapte a ti.

- Considera qué otros cambios útiles podrías introducir en tu estilo de vida, como, por ejemplo, no comer antes de meditar.

- Si ninguna de estas técnicas te funciona, entonces practica el amor-amistad hacia ti mismo y duerme una siesta durante unos minutos.

Inquietud y preocupación. El presente obstáculo es el opuesto al letargo y la torpeza. En lugar de apagarse y adormecerse, la mente se torna inquieta e hiperactiva. Es como el agua rizada por el viento. Nos preocupamos por cosas que no hemos hecho o que no hemos hecho correctamente. Nos inquieta la seguridad. Nos preocupa que algo pueda ir mal en casa, en nuestro trabajo, en la familia, en nuestra salud o en la economía.

Nos preocupamos por los acontecimientos que ocurren en la ciudad, en el campo o en el otro lado del mundo. Cuando esta mente se activa, ¡siempre podemos encontrar una cosa u otra de la que preocuparnos!

La inquietud física también puede ser un problema. Dado que estamos llenos de ansiedad nerviosa, nos resulta imposible sentarnos tranquilamente. Damos vueltas, tomamos el teléfono y lo dejamos, abrimos la nevera, aunque no tengamos hambre. No sabemos por qué nos sentimos tan inquietos, y quizá no hay razón alguna para ello. Por supuesto, en este estado, realizar cualquier tarea práctica, y mucho menos sentarse a meditar, está fuera de nuestro alcance.

Al igual que sucede con el resto de los obstáculos, el primer paso es simplemente cobrar consciencia de que nos sentimos inquietos o preocupados. Reconocemos que este estado imposibilita que nos concentremos, y emprendemos algún tipo de acción para superarlo. El mejor remedio es meditar en la respiración. Como ya hemos señalado, cuando nos enfocamos en la respiración, esta se calma de manera natural. Y, cuando la respiración se tranquiliza, la mente y el cuerpo también lo hacen.

Utilizamos la técnica del conteo de la que ya hemos hablado. Inhalamos y exhalamos y contamos «uno». Inhalamos y exhalamos y contamos «dos». Inhalamos y exhalamos y contamos «tres». Contamos de ese modo hasta llegar a diez. Entonces hacemos lo mismo, pero en orden inverso, de diez a uno. Repetimos este ciclo, esta vez contando de uno a nueve y luego retrocediendo de nuevo. La tercera vez, contamos hasta ocho y retrocedemos. Seguimos haciendo lo mismo hasta que la mente y el cuerpo se tranquilicen.

Para evitar que retornen la inquietud y la preocupación, debemos cultivar un sentimiento de confianza en el Buda y en sus enseñanzas, el sendero que muchas personas como nosotros han seguido para superar los obstáculos y liberarse del sufrimiento.

Duda. Albergar dudas es natural. La duda inteligente –es decir, utilizar nuestra propia experiencia y nuestro mejor juicio para asegurarnos de que nos hallamos en la dirección correcta– es realmente útil para progresar en el sendero espiritual. Sin embargo, cuando la duda se apodera de la mente y nos impide practicar el mindfulness, se convierte en un obstáculo. Por ejemplo, a veces cuando nos sentamos a meditar, no tardamos en empezar a preguntarnos por qué lo hacemos. No estamos seguros de que el método que seguimos vaya a funcionar o de que sea el método correcto para nosotros. Nos preguntamos si hemos entendido las instrucciones que nos ha dado nuestro instructor de meditación o si somos el tipo de persona adecuada para la meditación. Una vez que se activa la duda, esta crece cada vez más. Nos preguntamos si existe algo como la iluminación o si todo el sistema de la meditación tiene algún sentido.

De nuevo, en primer lugar, tenemos que darnos cuenta de que la duda ha surgido y limitarnos a observarla hasta que desaparezca por sí sola. De lo contrario, tomamos medidas más enérgicas, como reflexionar cuidadosamente en las cualidades del Buda y sus enseñanzas del *Dhamma*. También evocamos a otras personas que, siguiendo estas enseñanzas, se han convertido en inspiradores modelos de conducta. Recordamos nuestros éxitos pasados, tales como sesiones de meditación pacíficas y concentradas, momentos en que hemos superado obstáculos como la somnolencia o la inquietud, u otras maneras en que hayamos cambiado a mejor como resultado de nuestra práctica. También es posible mantener una charla con la duda, mostrándonos suaves pero firmes y diciendo, por ejemplo: «La vida es breve. No puedo permitir que las dudas me impidan progresar hacia mis objetivos espirituales».

Cuando la duda desaparece, nos percatamos de que se ha ido y nos mantenemos atentos para evitar que vuelva.

Lo que obtenemos

Superar los obstáculos, aunque solo sea provisionalmente, supone una gran victoria. Hemos despejado el terreno, y las buenas cualidades –como fe, esfuerzo, mindfulness, concentración y sabiduría– pueden comenzar a crecer. El Buda describe en un *sutta* lo bien que nos hace sentir esta victoria:

> Supongamos que un hombre con riquezas y posesiones viajara por un desierto donde la comida escasea y abundan los peligros. Después de algún tiempo cruza el desierto y arriba a un pueblo seguro y libre de peligros. Reflexionaría a este respecto y, como resultado, se pondría contento y experimentaría alegría.
>
> De la misma manera, cuando un *bhikkhu* percibe que estos cinco obstáculos [...] han sido abandonados dentro de sí mismo,

lo considera como la liberación de una deuda, la buena salud, la liberación de la cárcel, la emancipación de la esclavitud, el lugar seguro. [...] Entonces surge en él la alegría. Cuando se alegra, surge el éxtasis. Cuando su mente está llena de éxtasis, su cuerpo se vuelve tranquilo. Con el cuerpo en paz, experimenta la felicidad. Siendo feliz, su mente se concentra.

11. El apego y los grilletes

En cierta ocasión, el venerable Sariputta y el venerable Mahakotthita vivían en el Parque de los Ciervos, cerca de Varanasi. Al final de la tarde, Mahakotthita abandonó su lugar de reclusión y fue a ver a Sariputta. Tras intercambiar saludos corteses, le dijo:

–Ahora dime, amigo Sariputta, ¿el ojo es el grillete de los objetos visibles o son los objetos visibles el grillete del ojo? Del mismo modo, ¿es esto así en lo que respecta al oído y los sonidos, la nariz y los olores, la lengua y los sabores, el cuerpo y los objetos tangibles, y la mente y los objetos mentales?

–Amigo Kotthita –respondió Sariputta–, el ojo no es el grillete de los objetos visibles, ni los objetos visibles son el grillete del ojo.

Entonces Sariputta le brindó el siguiente ejemplo:

–Supongamos, amigo, que un buey negro y un buey blanco estuviesen uncidos por un solo yugo. Si un hombre dijera: «El buey negro es prisionero del buey blanco, y el buey blanco es prisionero del buey negro», ¿hablaría con propiedad?

»No, amigo –continuó Sariputta–, el buey negro no es prisionero del buey blanco, ni el buey blanco es prisionero del buey negro, sino que más bien, lo que los encadena es el yugo al que han sido uncidos.

»Así pues, amigo mío, el ojo no es el grillete de los objetos visibles [...] ni los objetos mentales son el grillete de la mente. Más bien, el grillete es el deseo y el anhelo que surge en dependencia de ambos. [...]

»Siguiendo esta línea de razonamiento, amigo mío –concluyó Sariputta–, se puede entender por qué el Bienaventurado proclamó que esta vida santa supone la completa destrucción del sufrimiento.

–¿Cómo es eso posible? –preguntó Mahakotthita.

–De esta manera –respondió Sariputta–. Hay un ojo en el Bienaventurado. El Bienaventurado ve las formas con el ojo. Sin embargo, no hay en él deseo ni anhelo. Y lo mismo ocurre con el oído, la nariz, la lengua, el cuerpo y la mente. A causa de que el Bienaventurado está bien liberado en su mente, tiene lugar la completa destrucción del sufrimiento.

Como ya hemos dicho, los obstáculos son como la maleza en un jardín. Para cultivar plantas sanas, primero debemos eliminar las obstrucciones más visibles. Por su parte, los grilletes son las raíces de los obstáculos. Como sabe cualquier persona que haya cultivado un jardín, el sistema de raíces de la maleza es, a menudo, mucho más grande que la parte que asoma por encima del suelo. Estas raíces, o tendencias mentales subyacentes, emergen de forma directa del contacto de nuestros sentidos con los objetos sensoriales y la consciencia.

También hemos señalado que existen dos tipos de contacto: externo e interno. Una discusión con un amigo es un ejemplo de contacto externo. Tan pronto como se inicia, pensamos: «*Yo* estoy enfadado. Me has dicho eso y lo otro a *mí*. Has hecho esto o aquello con algo que es *mío*». Digamos que esta tendencia subyacente de «yo, mí, mío» ha confundido a la mente durante muchas vidas. Pero este «yo, mí, mío» también puede surgir a partir del contacto interno con los objetos mentales, como el recuerdo de alguna cosa desagradable que este amigo hizo en el pasado o la fantasía de lo que podría hacer en el futuro.

A veces parece como si este «yo, mí, mío» existiera dentro de los cinco agregados de cuerpo, sensación, percepción, pensamiento y consciencia, mientras que otras veces, es el «yo, mí, mío» el que parece contener a los cinco agregados. O bien podemos creer que el «yo, mí, mío» y los agregados son idénticos. Este grillete –la creencia en un yo permanente– es una trampa que nos atrapa en el ciclo de muertes y renacimientos, y nos provoca un sufrimiento enorme. Solo cuando este grillete y los otros nueve son abiertos por el tipo especial de visión profunda conocida en el *Dhamma* como «sabiduría», podemos conocer, sin vacilación ni duda alguna, que los cinco agregados son transitorios, insatisfactorios y carentes de yo. Como Sariputta explicó a Mahakotthita, cuando nuestra mente se halla bien liberada a través de la sabiduría, alcanzamos la completa destrucción del sufrimiento.

Los cinco agregados del apego

En nuestro estado ordinario, todo lo que conocemos son los cinco agregados. Cuando comemos, nos damos una ducha, hablamos con alguien, escuchamos algo o leemos un libro, se activan los cinco agregados. Cuando recordamos el pasado o imaginamos el futuro, estamos pensando con los cinco agregados. En el momento presente, nos sentamos, nos ponemos de pie, caminamos, hablamos, comemos, bebemos y dormimos solo mediante los cinco agregados.

Así pues, ¿cuál es el agregado que surge primero? Es difícil de determinar porque los agregados se hallan entrelazados. Cuando bebemos un vaso de zumo de naranja, este se halla constituido por ácido cítrico, aceite, vitamina C, sabor ácido, color naranja y agua. ¿Cuál de estos ingredientes bebemos primero? La respuesta es obvia: todos ellos simultáneamente.

Sin embargo, si observamos nuestras acciones con cuidado, advertimos que lo que surge en primer lugar es la intención de hacer algo. La intención pertenece al agregado del pensamiento. No obstante, ningún agregado funciona solo. En el momento en que extendemos la mano para asir el vaso, se activan los cinco agregados: neuronas en el cerebro, músculos y tendones, sensaciones, percepciones, energía mental, contacto con el objeto y consciencia. Y, si detenemos la mano antes de alcanzar el vaso, también se detienen los agregados ligados a la intención de beber el zumo.

Como nos indica la palabra «agregado», cada uno de los

cinco agregados está constituido por muchas partes. La forma posee muchos millones de partículas físicas, que están compuestas, a su vez, de partículas subatómicas. La sensación es una colección de ciento ocho tipos de sensaciones. Las sensaciones se derivan de los contactos producidos a través de ojo, oído, nariz, lengua, cuerpo y mente. Asimismo, la sensación puede ser placentera, desagradable o neutra. Y puede surgir dependiendo de la experiencia del contacto pasado, de la experiencia del contacto presente o de la previsión del contacto futuro. Asimismo, puede ser física o mental, burda o sutil. De la misma manera, la percepción, el pensamiento y la consciencia surgen a partir de diferentes tipos de contacto y cuentan con innumerables subdivisiones.

¿Por qué es esto importante? Por lo general, olvidamos que los agregados se componen de partes y que estas partes están sometidas a un continuo cambio. Además, solemos confundir los agregados con el grillete que llamamos «yo, mí o mío», puesto que el cuerpo es *mío*, nos aferramos a él. Y hacemos lo mismo con las sensaciones, las percepciones, los pensamientos y la consciencia. Cuando los agregados cambian, como inevitablemente hacen, sufrimos. Por ese motivo, también los llamamos «agregados del sufrimiento».

Los agregados en sí mismos son neutros. Se convierten en agregados de apego solo cuando *yo* los percibo con *mis* sentidos y los convierto en *mis* objetos. La diferencia radica en nuestro estado mental. Si no nos apegamos –nos dice reiteradamente el Buda–, no sufriremos y, en ese caso, tan solo serán cinco agregados que nacen, existen y mueren. En cierto modo, ¡podemos decir que todas las enseñanzas del Buda tienen el propósito de explicar los cinco agregados y el modo de liberarnos de ellos!

Los grilletes

La fuente de nuestra confusión son los grilletes, los hábitos profundamente arraigados en la mente no iluminada. Los grilletes se activan mediante el contacto entre los seis sentidos y los seis objetos sensoriales: ojo y objetos visibles, oído y sonidos, nariz y olores, lengua y sabores, cuerpo y objetos tangibles, mente y objetos mentales. Al trabajar con los grilletes, necesitamos recordar el ejemplo del buey blanco y el buey negro. El grillete no es el ojo, ni tampoco las formas visuales que el ojo percibe, sino que, más bien, los grilletes surgen como resultado del contacto entre ambos y la consciencia.

Cuando los sentidos establecen contacto con los objetos externos –como, por ejemplo, una mujer caminando por la calle, una taza de té, una flor amarilla– o con objetos internos –un recuerdo, pensamiento, idea o fantasía–, aparecen en la mente sensaciones placenteras, desagradables o neutras, al igual que pensamientos, como nombres, ideas, recuerdos e imaginación, y muchos otros conceptos. Debido al deseo y la ignorancia, que son también grilletes, advienen al primer plano de la consciencia poderosos hábitos negativos que yacen dormidos en la mente. Un *sutta* explica el proceso de la siguiente manera:

Dependiendo del ojo y las formas, surge la consciencia visual. La reunión de los tres es el contacto. Con el contacto como condición, hay sensaciones. Aquello que uno siente, eso percibe. Aquello que uno percibe, eso piensa. Aquello que uno piensa, eso prolifera mentalmente. Teniendo como fuente esta proliferación mental, las percepciones y nociones nacidas de la proliferación mental asedian al ser humano respecto a las formas pasadas, futuras y presentes conocidas a través del ojo.

Esta secuencia alude al origen de la sucesión de sufrimiento que constituye la vida humana. Dependiendo de las sensaciones, se manifiesta el deseo, ya sea para aferrarse a las sensaciones placenteras o para alejarse de las desagradables. Dependiendo del deseo, surge el anhelo. Dependiendo del anhelo, surge el devenir. Dependiendo del devenir, surge el nacimiento. Y, a partir del nacimiento, aparecen el crecimiento, la decadencia, la muerte, la tristeza, la lamentación, el dolor, la pena y la desesperación.

La buena noticia es que los grilletes no siempre están presentes. Hay muchos momentos en la vida cotidiana en los que no se manifiesta ninguno de ellos. Cuando los grilletes están ausentes, nos alegramos. Cuando aparece un grillete, somos conscientes de él y tomamos medidas para romperlo. Una vez que lo hemos roto, utilizamos el mindfulness para proteger la mente de los grilletes que pudieran surgir en el futuro.

Estos son los diez grilletes. Aunque algunas de estas tendencias mentales dañinas también surgen como obstáculos, existen diferencias sutiles que señalaré a medida que avancemos. En general, los grilletes se incrustan más profundamente en la mente y son menos obvios que los obstáculos. Como resultado, se necesita más esfuerzo y niveles más profundos de mindfulness y concentración para erradicarlos.

La creencia en un yo permanente. Anteriormente hemos denominado a este grillete «yo, mí, mío». Por lo general, aparece como la creencia de que poseemos un yo o alma permanente que ha nacido en esta vida procedente de una vida anterior y que pasará a la siguiente vida. También se manifiesta como el sentimiento de que la persona que dijo o hizo algo ayer, el año pasado o en primero de bachiller, por ejemplo, es la misma que está leyendo este libro en el presente. Pero el mindfulness debilita este grillete. Cuando experimentamos con qué frecuencia, incluso en el plazo de unos pocos minutos, cambian nuestra respiración, cuerpo, postura, sensaciones, pensamientos y percepciones, empezamos a percibir que no existe un yo permanente, sino una colección de agregados que siempre están cambiando.

Duda escéptica. En su manifestación como obstáculo, la duda se centra en nuestra práctica del mindfulness. Dudamos de que llevemos a cabo correctamente la práctica o de que vaya a procurarnos buenos resultados. En cambio, como grillete, la duda siempre se refiere al yo. Dudamos de si el Buda está en lo cierto al afirmar que no existe tal cosa como un yo o alma

permanente. Dudamos del principio del *kamma*. Nos preguntamos de dónde procede el yo, cómo existe en el presente y
qué le ocurrirá después de la muerte. La duda sana es positiva
porque nos impulsa a aplicar nuestra inteligencia y experiencia para sopesar cuestiones importantes. Pero, cuando la duda
nos paraliza y nos confunde, es dañina y debe ser abandonada.

Apego a los rituales. En la época del Buda, algunos ascetas
permanecían sobre un pie hasta que se caían. Otros iban des-
nudos o rodando por el suelo. Hacían estas cosas porque creían
que el seguimiento de rituales les conduciría de alguna manera
a la liberación. Aferrarse a tales creencias es un grillete. Si los
rituales como ofrecer incienso y flores a una imagen del Buda
se convierten en nuestra principal o única práctica, y si todo el
mundo hace lo mismo, a la larga desaparecerán las enseñanzas
del Buda referentes al mindfulness y solo quedarán los rituales.

Deseo sensual. Como obstáculo, el deseo de placer sensual
puede ser suprimido temporalmente a través de la meditación
de la concentración profunda. Pero, cuando finaliza nuestra
meditación, retorna el deseo. Esto sucede porque el deseo de
placer sensual es también un grillete que permanece latente en
la mente. Como grillete, el deseo sensual nos atrapa en el ciclo
de las vidas de sufrimiento. Una de las posibles definiciones de
la palabra *dhamma* es «cualquier cosa que nuestra mente sea
capaz de recordar, imaginar, pensar, crear o producir mediante
procesos mentales». Apreciamos tanto las sensaciones placen-

teras que surgen de ellos ¡que incluso anhelamos renacer para poder disfrutarlas de nuevo!

Odio. Lo opuesto al placer sensorial es el odio. Si no podemos disfrutar de algún placer o si algo va en contra de nuestros deseos, entonces aparece el odio en nosotros. Por esta razón, la persona sabia se da cuenta de que amor y odio son dos caras de la misma moneda. Al igual que el deseo sensual, el odio o la animadversión pueden surgir como un obstáculo durante la meditación de concentración. Cuando le prestamos atención y reflexionamos adecuadamente, se desvanece de forma temporal. Sin embargo, al igual que ocurre con el deseo, la raíz del odio permanece en la mente como un grillete que regresa una y otra vez.

Deseo de existencia material sutil. El deseo de existencia material sutil surge principalmente durante la meditación de concentración profunda. Debido a que experimentamos una profunda paz, anhelamos morar en ese estado incluso después de la muerte. Erróneamente, creemos que el renacimiento en un reino carente de sensaciones, percepción, pensamientos y consciencia nos garantizará la felicidad permanente. Sin embargo, ni siquiera los seres nacidos en un estado de existencia material sutil están exentos de experimentar el sufrimiento de la muerte.

Deseo de existencia inmaterial. Del mismo modo, podemos creer erróneamente que alcanzaremos la felicidad perpetua en un reino en el que solo exista la mente. Por desgracia, incluso la existencia inmaterial sutil llega a su fin después de muchos miles de eones.

Engreimiento. Este grillete surge como la sensación sutil de «esto soy yo», que nos hace enorgullecernos de nuestros logros. Estamos orgullosos de nuestra salud, apariencia juvenil, larga vida, riqueza, familia, amigos, país, prestigio, belleza, poder, habilidad o fuerza. A veces, la gente también se siente orgullosa de sus consecuciones espirituales. Pero, mientras alberguemos pensamientos de orgullo, incluso muy sutiles, nunca podremos alcanzar la completa iluminación.

Inquietud. Como obstáculo, la inquietud surge a causa de los asuntos inconclusos o por cosas que hemos dejado sin hacer o no hemos hecho bien. Podemos superarla provisionalmente a través de la concentración profunda. En cambio, como grillete, la inquietud aparece de una manera muy sutil cuando estamos cerca de alcanzar la iluminación. Estamos tan cansados de todo que anhelamos dejar atrás el ciclo de la existencia y nos sentimos inquietos porque deseamos alcanzar la iluminación lo antes posible.

Ignorancia. La ignorancia consiste en no conocer las enseñanzas del Buda, en especial las «cuatro nobles verdades». Se basa, en esencia, en no reconocer el sufrimiento, su causa, su final y el camino que conduce a dicho final.

Las diez percepciones

Atravesar la confusión causada por los grilletes cuesta mucho trabajo un proceso que, en los *suttas*, el Buda define como «desarraigar todas las concepciones». Gracias al mindfulness y la meditación, nos entrenamos para considerar con un cierto desapego las percepciones sensoriales y los sentimientos y pensamientos que surgen de ellas.

El desapego respecto de nuestra manera ordinaria de percibir tiene lugar a lo largo de varias etapas. No podemos esperar llegar allí de golpe. La clave radica en la transitoriedad. Trabajando con nuestra propia experiencia, cultivamos la consciencia de que todo está sometido a un continuo cambio: los seis sentidos, los seis objetos de los seis sentidos, el contacto, la consciencia y las sensaciones y pensamientos que surgen a consecuencia de ello. La práctica del mindfulness nos permite reemplazar, con diez percepciones sumamente especiales, nuestra manera confusa de ver el mundo.

Puntos clave para el mindfulness de las diez percepciones

- *Percepción de la transitoriedad*. Somos conscientes de la transitoriedad al experimentarla. Nos preguntamos: «¿Cuánto tiempo he estado leyendo este libro? ¿Qué cambios he percibido durante ese periodo? ¿Mis ojos están cansados? ¿Se siente incómodo mi cuerpo? ¿He cambiado de postura? ¿Tengo hambre o sed? ¿Mi concentración es la misma que antes? Todas estas, y muchas más, son percepciones de la transitoriedad. No aprendemos acerca de la transitoriedad a partir de los libros o de los maestros, y ni siquiera del Buda, sino simplemente prestando atención a los cambios que ocurren en nuestro propio cuerpo y mente.

- *Percepción de la ausencia de yo*. Percibir la transitoriedad de nuestros propios agregados nos convence de que nada en nosotros es permanente. Este tipo de percepción no es mera imaginación, sino una experiencia genuina que nos ayuda a aceptarnos a nosotros mismos tal como somos, siempre cambiando como resultado de causas y condiciones. En ese sentido, debemos recordar: «Lo que sentía esta mañana ya no está. Lo que siento ahora no estará aquí mañana. Nada en la vida me brinda una identidad permanente». Percibir esta verdad nos procura estabilidad emocional.

- *Percepción de las impurezas*. Cuando meditamos en las diferentes partes del cuerpo, algunas de ellas son bastante repulsivas, como, por ejemplo, la bilis, la flema y el pus. Meditamos en estas partes impuras no para conseguir aborrecer nuestro cuerpo o cualquier otro cuerpo, sino, más bien, porque aspiramos a percibir el cuerpo de manera más realista. El objetivo es la comprensión clara y la percepción equilibrada de la ecuanimidad. Así pues, debemos meditar en el cuerpo hasta que percibamos de manera diáfana cada una de sus partes. A continuación, aplicamos el mismo tipo de claridad para darnos cuenta de las sensaciones, los pensamientos, las percepciones y la consciencia.

- *Percepción del peligro.* Como todos los seres humanos, disfrutamos del placer, pero el placer conduce a situaciones peligrosas. Divorcio, disputas, codicia, celos, miedo, ansiedad, angustia, problemas nerviosos, cualquier cosa puede suceder a causa del apego al placer. Abstenerse del placer no nos libera del peligro, pero la contención de los sentidos puede contribuir a disminuirlo un poco. La percepción del peligro no significa que debamos tener miedo de levantarnos de la cama por la mañana. Simplemente quiere decir que tenemos que prestar atención. Cuando algo sucede, no nos sentimos desolados, sino que llevamos a cabo de manera consciente nuestras actividades cotidianas.
- *Percepción del abandono.* Abandonar es rendirse y deshacerse de cualquier cosa perjudicial o inútil, pensando, por ejemplo: «Me niego a tolerar el pensamiento del deseo sensual. Soy incapaz de soportar el sentimiento de odio. Abandono todo lo que me hace daño a mí o a otras personas». La percepción del abandono requiere esfuerzo. No basta simplemente con percibir lo que ocurre, sino que debemos mostrarnos proactivos y cortar cada sentimiento o pensamiento erróneo en el momento en que nace, antes de que tenga la oportunidad de rendir fruto.

- *Percepción del desapasionamiento*. El apego a las cosas provisionales causa sufrimiento. Lo opuesto al apego es el desapego. Conscientes de que todo lo que surge como resultado de causas y condiciones es transitorio, insatisfactorio y carente de yo, nos desapegamos respecto de todo ello y abandonamos todas las concepciones al respecto. La percepción del desapego surge en un estado de serena bienaventuranza. Al alcanzar el desapasionamiento, adquirimos la visión profunda de la realidad, la cual nos libera del sufrimiento.

- *Percepción de la cesación*. Cesación significa «finalización». Cuando obstáculos tales como el deseo, el odio y la ignorancia tocan a su fin como resultado de la meditación de concentración profunda, nos vemos temporalmente libres del sufrimiento. Meditando en este estado, comprendemos: «Esto es pacífico; esto es excelente. He dejado de desear ningún tipo de renacimiento. Todas las concepciones se han extinguido». Este mismo pensamiento de calmar todas las concepciones aporta paz y bienaventuranza, siendo equiparable a la paz y la felicidad del *nibbana*. Percibimos este estado de cesación con calma y tranquilidad.

- *Percepción de la insatisfacción de todas las cosas*. Por lo general, hacemos todo lo posible para estar satisfechos con el mundo. A falta de esa satisfacción, el mundo nos parece horrible y bastante absurdo. Pero, a la postre, gracias a la meditación profunda, uno percibe la impureza de los agregados, el peligro de los placeres sensuales y la paz y la tranquilidad derivadas del desapasionamiento. Libres de obstáculos, nos tornamos receptivos, alegres, confiados y dispuestos. Nos damos cuenta de que «Todo lo que está sujeto a surgimiento está sujeto a cesación». Avanzando más allá de la duda, eliminamos la perplejidad y alcanzamos la percepción valiente de no deleitarnos con ninguna cosa mundana.

• *Percepción de la transitoriedad de todos los pensamientos y concepciones.* Cuando vemos que todos los pensamientos y concepciones son transitorios, insatisfactorios y carentes de yo, ya no deseamos solazarnos en ellos. Percibimos que el renacimiento en cualquier forma, en cualquier lugar, solo aporta sufrimiento. Dado que estamos cansados de todo ello, la mente se enfoca en la completa liberación.

• *Percepción de la inhalación y la exhalación.* Cuando respiramos con atención, vemos el surgimiento, la existencia y la desaparición de la forma de la respiración, o el cuerpo de la respiración, en el mismo momento en que acaece. De igual manera, a medida que inhalamos y exhalamos, percibimos que sensación, percepción, pensamiento y consciencia surgen, existen y desaparecen. Cuando la mente se compromete plenamente con esta «observación participativa», no queda espacio en ella para apegarse a los agregados.

Mediante el mindfulness de estas percepciones, nos damos cuenta finalmente de que el ojo, la mujer que camina por la calle y la consciencia visual que surge como resultado del contacto, el sentimiento de deseo o de rechazo, y cualquier pensamiento, plan, fantasía y otras concepciones que aparezcan en la mente como resultado de esta percepción, se manifiestan debido a una combinación de causas y condiciones. Existen por un momento y luego desaparecen. Cuando percibimos las cosas como realmente son, el anhelo disminuye y encontramos la paz. Como nos dice el *sutta*:

> Cuando uno no permanece inflamado por la sensualidad, no tiene restricciones, no es engreído y contempla el peligro, entonces los cinco agregados afectados por el apego se ven mermados para uno mismo en el futuro. El anhelo […] es abandonado. Los problemas físicos y mentales son abandonados. Los tormentos corporales y mentales son abandonados. Las fiebres corporales y mentales son abandonadas, y se experimenta placer corporal y mental.

12. Los factores de la iluminación

En cierta ocasión, mientras el Buda vivía en Rajagaha, el venerable Mahakassapa, que moraba en la Cueva de Pipphali, se puso muy enfermo. Por la noche, el Buda abandonó su soledad para efectuar una visita al venerable Mahakassapa. Tras tomar asiento, el Buda le preguntó:

–¿Cómo te va, Kassapa? ¿Qué tal soportas tu enfermedad?

–Señor, no soporto bien mi enfermedad –le respondió Mahakassapa.

–Kassapa –le dijo el Buda entonces–, he enseñado los siete factores de la iluminación. Cuando estos factores son cultivados y cuidadosamente desarrollados, conducen a la realización y a la perfecta sabiduría, en otras palabras, al *nibbana*.

»¿Qué siete? –continuó el Buda–. Mindfulness [atención plena], investigación de los fenómenos, energía, alegría, tranquilidad, concentración y ecuanimidad.

Al escuchar estas palabras, Kassapa se regocijó.

–Oh, Bienaventurado –dijo–, estos siete son ciertamente factores de iluminación. Acojo con beneplácito la expresión del Sublime.

Y, en ese mismo instante, Mahakassapa se recuperó de su
enfermedad y su dolencia desapareció.

Los siete factores de la iluminación son las cualidades que
necesitamos para alcanzar el objetivo de nuestra práctica. A
medida que se profundiza nuestra meditación y se aflojan los
grilletes, surgen en nosotros estas siete cualidades positivas.
Con el mindfulness como joya de la corona, los siete factores nos ayudan a vencer las fuerzas del engaño que perturban
nuestra concentración y retardan nuestro progreso en el camino de la liberación. Los *suttas* recogen varias historias, como
la de Mahakassapa, en las que el mero hecho de escuchar a
alguien pronunciar los nombres de estos factores permite aliviar el dolor, la enfermedad y la adversidad. En otra ocasión,
cuando era el mismo Buda el que estaba enfermo, el venerable
Mahacunda recitó los nombres de los siete factores, y la grave
enfermedad del Buda desapareció.

No es difícil memorizar la lista de los factores de la iluminación, y algunas personas lo hacen. Pero no basta con saber
cuáles son estos factores, sino que debemos entender el significado de cada uno de ellos y utilizar nuestra atención plena
para ver cuándo están presentes, cómo surgen y el modo de
desarrollarlos y mantenerlos.

En pali, los siete factores son conocidos como *bojjhangas*,
una palabra que procede de *bodhi*, que significa «iluminación»,
y de *anga*, que quiere decir «extremidad». Por eso, los siete
factores que exponemos en el presente capítulo son como los

miembros, es decir, los brazos y las piernas de la iluminación. En ausencia de ellos, no podremos recorrer el sendero que conduce a la liberación del sufrimiento. Aparecen en el mismo orden en todas las personas y, de hecho, cada uno de ellos señala una etapa concreta en nuestro progreso a lo largo del camino. No podemos saltarnos ninguna etapa porque cada una se desarrolla de manera natural a partir de la anterior. Veamos ahora, más detenidamente, cada factor.

Mindfulness

Todo lo que hemos estado discutiendo hasta ahora está relacionado con el factor del mindfulness. Cualquier progreso en el sendero comienza con esta cualidad. Como dijo el Buda, «la atención plena es el principal de todos los *dhammas*». Pero, para que el mindfulness se transforme en un factor que conduzca a la iluminación, tiene que ser fuerte, estar centrado y ser específico. Así es como el Buda describe este tipo especial de mindfulness:

> *Bhikkhus*, siempre que un *bhikkhu* mora contemplando el cuerpo en el cuerpo, con energía, plenamente alerta y consciente, habiéndose resguardado de la codicia y el pesar en el mundo, en ese momento se establece en él una atención constante. Siempre que se establece en un *bhikkhu* una atención constante, en ese momento se despierta en él el factor de iluminación de

la atención plena y lo desarrolla y, mediante ese desarrollo, alcanza su culminación.

¿Qué podemos aprender a partir de las palabras precedentes? En primer lugar, para que se convierta en un factor de iluminación, el mindfulness debe tener un enfoque claro, como, por ejemplo, el cuerpo como cuerpo, aunque también podemos enfocarnos en las sensaciones, pensamientos o fenómenos. Estos cuatro constituyen, por supuesto, los «cuatro fundamentos del mindfulness» que hemos estado considerando hasta el momento.

Después debemos permanecer alerta y tener energía. Eso significa que nuestra meditación se caracteriza por el esfuerzo y el entusiasmo. En tercer lugar, debemos dejar de lado la ambición y el pesar relacionados con el mundo. Dicho con otras palabras, no permitimos que nuestra concentración se vea perturbada por sentimientos y pensamientos referentes a nuestras preocupaciones cotidianas ordinarias. De hecho, deberíamos dejar de lado la avidez y la angustia relacionadas con el mundo en todo momento, ¡y no solo cuando estamos sentados en el cojín!

Por último, el mindfulness debe ser constante o, si se prefiere, tenemos que practicar el mindfulness todo el tiempo y no solo mientras meditamos formalmente. En realidad, deberíamos ponerlo en práctica durante todas nuestras actividades, ¡ya sea que estemos hablando, comiendo, bebiendo o esperando el autobús! Gracias al mindfulness, incluso las actividades ordinarias se tornan sanas y beneficiosas. Si recordamos el mindfulness tan solo de vez en cuando, o únicamente lo practicamos durante las sesiones de meditación, tardaremos mucho tiempo en desarrollar el nivel necesario para liberarnos de los grilletes. El mindfulness solo se convierte en un factor de iluminación cuando estamos totalmente comprometidos en prestar atención en cada uno de nuestros momentos de vigilia.

Como hemos explicado, el mindfulness requiere un tipo específico de consciencia. En cada instante de mindfulness, somos conscientes de la naturaleza cambiante de todo lo que nos sucede, reconociendo que nada de ello puede proporcionarnos felicidad permanente. Y lo que es más importante, también entendemos que no existe un yo o un alma permanente que experimente todo eso.

Cuando el mindfulness se establece como una actitud permanente, descubrimos que hemos estado practicando los siete factores de la iluminación todo el tiempo. Cuando meditamos en el mindfulness del cuerpo en el cuerpo, aplicamos de manera natural los factores de investigación, esfuerzo, alegría, tranquilidad, concentración y ecuanimidad. Y lo mismo es cierto cuando meditamos en el mindfulness de sensaciones, pensamientos y fenómenos. Nuestra tarea ahora es conseguir que nuestro mindfulness sea incluso más firme y fuerte para que se convierta, en sí mismo, en el foco de nuestra meditación. A medida que continuamos meditando de este modo, el mindfulness se transforma en un factor de iluminación y acelera nuestro progreso en el camino hacia la liberación.

Investigación

Las personas inteligentes albergan curiosidad. Utilizando nuestro mindfulness, cultivado en profundidad, investigamos los *dhammas* o fenómenos en nuestra propia mente y cuerpo. Volverse hacia adentro de esta manera es algo que ocurre naturalmente cuando el factor del mindfulness es fuerte y claro. El foco de nuestra investigación son los cinco agregados. El mindfulness indaga completamente en nuestra forma, sensaciones, percepciones, pensamientos y consciencia. Vemos el surgimiento de la respiración, las posturas, la comprensión clara, las diferentes partes del cuerpo, los cuatro elementos, los ciento ocho tipos de sensaciones, los cinco obstáculos, los seis sentidos y los diez grilletes, los cuales surgen dependiendo de los sentidos y de sus objetos. Percibimos su naturaleza provisional e investigamos en todos ellos con una atención plena poderosa.

Pero ¿de qué modo investigamos? El proceso es el mismo en la actualidad que en la época del Buda, es decir, escuchamos el *Dhamma*, recordamos lo que hemos escuchado y luego examinamos el significado del *Dhamma* que hemos aprendido. Si algo no nos queda claro o si surge alguna duda, entonces formulamos preguntas, pensamos y discutimos. Enfocamos nuestra atención plena en cada aspecto de nuestra vida y nuestras actividades, tanto cuando estamos sentados en nuestro cojín de meditación como fuera de él.

Por ejemplo, en el momento en que aparece un pensamiento, lo investigamos para comprobar si resulta espiritualmente beneficioso, preguntándonos: «¿Este pensamiento reduce mi codicia y mi odio o, por el contrario, los incrementa? ¿Minimiza mi confusión o la agrava? ¿Contribuye a que los demás y yo mismo seamos más pacíficos?». Si constatamos que ese pensamiento aumenta la codicia, el odio y el engaño, y destruye la paz y la felicidad, nos preguntamos entonces: «¿Qué puedo hacer para eliminarlo? Si, por el contrario, descubrimos que ese pensamiento es positivo, lo que tenemos que preguntarnos es lo siguiente: ¿Qué puedo hacer para mantenerlo? ¿Es mi atención plena suficiente? Y, si no es así, ¿cómo puedo mejorarla?».

Utilizamos el mismo método para investigar el resto de los agregados. Por ejemplo, investigamos nuestras sensaciones preguntándonos: «¿Estoy apegado a las sensaciones placenteras? ¿Rechazo las sensaciones desagradables? ¿Cuántas veces me he distraído del mindfulness debido a mi deseo por los objetos de placer o al rechazo por los objetos desagradables?».

También debemos investigar si entendemos bien los conceptos esenciales del *Dhamma*, como la transitoriedad. En ese caso, nos preguntamos: «¿Me parece que el cuerpo es mío? ¿Qué me lleva a creer que es mío? ¿Percibo que las partes y elementos del cuerpo están sometidos a un continuo cambio?». Tal vez descubramos que nuestra comprensión de la transitoriedad no es demasiado clara. Sospechamos que esta confusión puede ser la razón por la que persiste en aparecer el pensamiento de que «el cuerpo es mío». Como resultado de todo ello, establecemos el propósito de invertir más tiempo meditando en la transitoriedad del cuerpo.

También examinamos nuestras acciones y actitudes cotidianas, formulándonos la siguiente pregunta: «¿Cuántas veces me he enfadado cuando alguien señalaba mis faltas? ¿Cuántas veces he disfrutado criticando a otras personas? ¿Cuántas veces he participado en habladurías y discusiones?». Si constatamos que nuestras acciones y actitudes son sanas, investigamos el modo de mantenerlas y fortalecerlas. Si descubrimos que necesitan ser mejoradas, reflexionamos en lo que debemos hacer para cambiarlas.

Como podemos deducir de estos ejemplos, nuestro trabajo consiste en asegurarnos de que entendemos los «cuatro fundamentos del mindfulness» para aplicar dicha comprensión tanto a nuestra meditación como a nuestra vida. Nadie puede efectuar en nuestro lugar este trabajo duro, sino que somos nosotros los que tenemos que gestionar nuestro propio cuerpo, mente y acciones en cada momento de nuestra vida consciente. Nadie puede seguir el camino en nuestro nombre. En consecuencia, utilizamos el mindfulness y la investigación inteligente para comprobar si lo que hacemos nos retrasa, o bien contribuye a aproximarnos a nuestros objetivos espirituales.

La actitud que adoptamos se denomina «compruébalo tú mismo». Nadie nos ha invitado a investigar el *Dhamma*. No hay lugar al que tengamos que ir para llevar a cabo esta investigación. Y no hay nada que podamos ver con los ojos, sino que, más bien, es la verdad de lo que experimentamos todo el tiempo la que invita a nuestra atención. Esta verdad, llamada *Dhamma*, nos incita a ello diciéndonos: «Si quieres liberarte de tus problemas, mírame». Como nos dice el *sutta*, «el *Dhamma* es directamente visible, inmediato, invita a ser comprobado, siendo experimentado personalmente por los sabios».

Energía

A medida que proseguimos nuestra investigación de los cinco agregados, lo que hacemos despierta cada vez más nuestro interés. Dicho interés genera la energía necesaria para invertir un esfuerzo cada vez más grande en mantener el rumbo. Experimentamos entusiasmo, junto con la determinación de no rendirnos jamás. Esta combinación es el factor de energía de la iluminación.

Un sencillo ejemplo ilustra de qué modo la investigación suscita más energía. Cuando observamos con mindfulness y atención, todo lo que experimentamos parece seguir una trayectoria similar al movimiento de una piedra lanzada al aire. La piedra asciende tanto como la fuerza que aplicamos al lanzarla. Pero, a medida que se desplaza hacia arriba, la energía se reduce y la velocidad disminuye, hasta que se detiene el movimiento ascendente. Finalmente, la piedra invierte su curso y cae al suelo. Al percibir esto, estamos interesados en comprobar si cada instante de sensación, pensamiento, percepción y consciencia se atiene a este mismo patrón. Este interés genera la determinación de prestar cada vez más atención, con lo que se desarrolla en nosotros el factor de energía que conduce a la iluminación.

Cuando el mindfulness se combina con el factor de energía de la iluminación, somos cada vez más capaces de ejercer un esfuerzo hábil para evitar vernos atrapados en la codicia, el odio y el engaño. El esfuerzo hábil nos ayuda a discernir entre los pensamientos y sensaciones que debemos acoger y los que, por el contrario, debemos evitar. Cuando surgen impulsos perjudiciales, cerramos las puertas de nuestros sentidos para sofocarlos y aplicamos el esfuerzo para reemplazarlos con impulsos beneficiosos como generosidad, amabilidad y sabiduría. Dado que nuestra energía aumenta, no somos indulgentes y tampoco bajamos la guardia ni por un instante. Como señala el *sutta*: «Al percatarnos de que este cuerpo es tan frágil como una olla de barro, y fortaleciendo esta mente como una ciudad bien defendida, expulsamos [el engaño] con la espada de la sabiduría».

Hasta que no venzamos la batalla final, tenemos que aplicar el esfuerzo deliberado para salvaguardar, asegurar y mantener lo conquistado. Sin embargo, nuestra energía no es desmesurada, sino pacífica y concentrada. El mindfulness, la investigación y el esfuerzo hábil cooperan como un equipo bien entrenado para purificar la mente. Reconocemos que, si bien la vida es tan breve como el destello de un relámpago, todavía nos brinda la oportunidad de liberarnos del ciclo del sufrimiento. Como exclamó con profunda determinación el *bodhisatta*, el futuro Buda: «Aunque mi sangre se seque, mi carne se marchite y mi cuerpo se vea reducido a un esqueleto, no cejaré hasta alcanzar lo que humanamente sea posible».

Alegría

Cuando el factor de energía de la iluminación es poderoso, la alegría surge como uno de los factores de la meditación de concentración profunda. Las etapas de la meditación de concentración profunda, llamadas *jhanas*, nos conducen, «más allá» de la consciencia ordinaria de la que hemos estado hablando, a una serie de estados profundamente pacíficos, armoniosos e intensos. Como ya he mencionado, describo en detalle los estados jhánicos en mi libro *Más allá del mindfulness*.

A medida que progresamos a través de las sucesivas etapas de *jhana*, los cinco obstáculos quedan en suspenso y se neutralizan los diez grilletes, haciendo que nuestra concentración sea cada vez más poderosa. Cuando el obstáculo de la animadversión se ve superado, nuestra meditación se caracteriza por la alegría. Esta emoción relaja el cuerpo y la mente, generando un sentimiento de serenidad y paz.

Cuando nuestra concentración se profundiza aún más, experimentamos cinco sentimientos de alegría progresivamente más intensos: alegría menor, alegría momentánea, alegría que se derrama, alegría que eleva y alegría que todo lo penetra. La alegría momentánea es como un relámpago resplandeciendo momento a momento. La alegría que se derrama desciende sobre el cuerpo y luego desaparece, como las olas que rompen en la orilla del mar. La alegría que eleva es capaz de levantar el cuerpo físico y, de hecho, de moverlo. Un *sutta* recoge la historia de una joven que despertó la alegría que eleva al contemplar el pensamiento de un santuario. Transportada por dicha alegría, la joven se desplazó a través del aire hasta el santuario, ¡llegando antes que sus padres, que viajaban a pie! Por último, la alegría que todo lo impregna cubre cada parte del cuerpo.

Es importante tener en cuenta que la alegría que experimentamos en las etapas iniciales de *jhana* no es equivalente a los placeres de la vida cotidiana. E incluso dentro de los estados jhánicos, la alegría que podemos considerar como uno de los siete factores de la iluminación solo surge a consecuencia del desarrollo de tres factores previos: mindfulness, investigación y energía. El mindfulness, combinado con la investigación, ilumina las áreas oscuras de la mente. Por su parte, la energía impulsa nuestro infatigable esfuerzo por percibir la realidad tal como es, eliminando obstáculos adicionales para el logro de la iluminación.

A medida que los obstáculos desaparecen, surge en la mente el tipo especial de alegría que es, propiamente, un factor de iluminación. Esta alegría es más duradera que la alegría que experimentamos en las etapas iniciales de *jhana*. Debido a que se deriva de la comprensión, la alegría de la iluminación nunca se debilita o desvanece. Cuando alcanzamos este estado, ¡disfrutamos de la alegría todo el tiempo!

Tranquilidad

Una vez que se desarrolla y perfecciona la alegría de la iluminación, aparece el factor de la tranquilidad. La tranquilidad es un estado mental en el que la mente y el cuerpo se encuentran serenos, relajados y en paz. No existe en nosotros ninguna parte que no se halle en un estado de quietud, tranquilidad y estabilidad. El deseo, la aflicción y el engaño desaparecen. Nos sentimos satisfechos, seguros y confiados. No tenemos ganas de mover el cuerpo. Tampoco sentimos sed, hambre, cansancio, aburrimiento o pereza. Todo es sereno y perfecto. Aunque todavía no hemos alcanzado el objetivo final de nuestra práctica, por el momento disfrutamos de una profunda paz y felicidad.

Concentración

En este estado de alegría y tranquilidad, la concentración se torna notablemente más fuerte y enfocada. En las primeras etapas de la meditación del mindfulness, nuestra concentración es inestable. Los momentos de clara focalización se alternan con momentos en los que todavía somos conscientes de nuestro diálogo interno y de sonidos, olores y otras impresiones sensoriales. Pero, poco a poco, estas distracciones pasan a un segundo plano, y somos capaces de concentrarnos exclusivamente en la respiración, u otro objeto, durante periodos cada vez más prolongados. Esta capacidad mejorada para focalizarse, llamada «concentración de acceso», señala el límite entre la meditación ordinaria y los estados jhánicos de concentración profunda.

Cuando progresamos a través de las etapas de *jhana*, la concentración se convierte en un factor de iluminación. Utilizando la concentración como una herramienta poderosa, enfocamos la mente como un rayo láser en los cinco agregados. Nuestra concentración penetra en las tres características universales de todas las cosas condicionadas: la realidad del cambio constante, la naturaleza insatisfactoria de todo lo que existe y la ausencia total de un yo o alma permanente. Estas características ya no son una teoría, sino que las reconocemos como verdades esenciales. En los estados jhánicos, el mindfulness y la concentración trabajan juntas para disolver todas las barreras que impiden la realización.

Ecuanimidad

La ecuanimidad es como el punto central de una balanza tradicional. A un lado de la balanza, colocamos un montón de arroz; en el otro, ponemos un contrapeso metálico y vamos ajustando la cantidad de arroz hasta que el puntero de la balanza quede exactamente vertical. Entonces sabemos que tenemos la medida correcta. Este punto de equilibrio es la ecuanimidad. En los estados de *jhana*, utilizamos la ecuanimidad como una balanza para afinar nuestro cultivo de los otros factores de iluminación. Si constatamos que hay torpeza en la mente, intensificamos el mindfulness y la investigación para despertar nuestra energía y restaurar el equilibrio. Si la mente se halla sobreexcitada, nos centramos en incrementar nuestra alegría, tranquilidad y concentración para poder tranquilizarnos.

La ecuanimidad que experimentamos en los estados jhánicos difiere del tipo que utilizamos durante la meditación mindfulness para equilibrar las sensaciones perjudiciales y las sensaciones beneficiosas. La ecuanimidad basada en los objetos sensoriales –formas, sonidos, olores, sabores y texturas– recibe el nombre de «ecuanimidad basada en la diversidad, mientras que, en los estados jhánicos, la ecuanimidad que surge como un factor de iluminación se denomina «ecuanimidad basada en la unidad», puesto que se centra en un único objeto interno.

En esta última etapa del sendero, todos los componentes del cuerpo y la mente –los cinco agregados en el pasado, presente y futuro– son exactamente iguales. No existe tal cosa como bueno, malo o indiferente. Sencillamente, todo es una realidad, transitoria, insatisfactoria y carente de yo. En ese estado de perfecto equilibrio –nos dice el *sutta*–, «el aferramiento a las cosas materiales del mundo cesa por completo sin dejar residuos».

Puntos clave para desarrollar la concentración

La concentración que surge en los estados jhánicos como un factor de iluminación se desarrolla a partir de la concentración que empezamos a cultivar la primera vez que nos sentamos a meditar. La concentración es como un músculo que se fortalece al ejercitarlo. Señalamos ahora algunas maneras de promover la concentración para apoyar cada paso en nuestra práctica del mindfulness:

- En primer lugar, asegúrate de que tu concentración sea sana y libre de obstáculos como la codicia, el odio y el engaño. Por ejemplo, la concentración motivada por la codicia de los estados avanzados para poder desplazarse por el aire no es sana.
- Utiliza el esfuerzo hábil para abandonar las sensaciones y pensamientos referentes a las preocupaciones cotidianas ordinarias. Recuerda que la vida es tan breve como un relámpago. Adopta la resolución de utilizar la presente sesión de meditación para liberarte del ciclo del sufrimiento.
- Enfoca tu mente en el objeto de meditación que hayas elegido (la respiración, las posturas, las partes del cuerpo, los cuatro elementos, los tres tipos de sensaciones, los cinco obstáculos o los diez grilletes).
- Mantén tu mente en el momento presente. Ejerce un esfuerzo continuo para mantener el foco en el objeto elegido.

Si constatas que tu mente se aparta de su objeto, tráela de vuelta delicadamente, pero con firmeza.

- Promueve la diligencia y la alerta. Si constatas que tu mente cae en la torpeza o la somnolencia, aplica el esfuerzo necesario para generar entusiasmo. Si descubres que tu mente está sobreexcitada o nerviosa, concéntrate en la respiración hasta que se calme.

- Tienes que estar especialmente alerta a cualquiera de los cinco obstáculos: deseo, odio, preocupación, pereza y duda. Si se presenta alguno de ellos, cultiva su contrario. Por ejemplo, debes vencer la codicia con pensamientos de generosidad, y el odio con pensamientos de amor-amistad. Una vez que el obstáculo haya desaparecido, reenfoca la mente en el objeto elegido.

- Tu objetivo es aplicar la concentración como una herramienta poderosa que te permita penetrar en las tres características universales de toda experiencia: el cambio constante, la naturaleza insatisfactoria de todas las cosas condicionadas, y la ausencia de un yo o alma permanente que sea consciente de todo ello.

- A medida que la concentración se profundiza, la mente pierde de forma gradual interés en otras cosas y es capaz de enfocarse en el objeto de la meditación durante periodos cada vez más largos.

- En este punto, no debes investigar los detalles de tu experiencia. Simplemente céntrate con atención en el objeto elegido.

- Cada vez que practicas la concentración sana, es más fácil mantener el foco. No importa cuán brevemente hayas podido concentrarte, debes sentirte feliz por lo que has logrado. Trabajando juntos como un equipo, el mindfulness y la concentración purifican la mente y contribuyen a mantener a raya los obstáculos suprimidos.
- La concentración te ayuda a obtener una experiencia de primera mano de la verdad del mensaje del Buda. Esto te motiva a desarrollar los estados más elevados de concentración para lograr una comprensión más profunda.

13. Las «cuatro verdades» y los ocho pasos

Tras alcanzar la iluminación, el Buda reflexionó sobre las profundas verdades del *Dhamma* que había realizado. Vio que la mayoría de los seres estaban tan inmersos en la ignorancia que, incluso si revelaba estas verdades, la gente podría no entenderlas. Así pues, decidió guardar silencio.

Sin embargo, luego pensó: «Bien, hay algunos seres con un poco de polvo en los ojos. Son como los lotos en un estanque. Algunos son pequeños cogollos escondidos en el agua enlodada. Otros están a medio camino de la superficie. Otros han emergido ya del agua, aunque todavía no están listos para florecer. Pero hay algunos que están a punto de florecer, y en su beneficio voy a enseñar el *Dhamma*».

En su primera enseñanza tras alcanzar la iluminación, impartida en el Parque de los Ciervos, cerca de Varanasi, el Buda presentó lo que ha llegado a conocerse como las «cuatro nobles verdades». A lo largo de sus cuarenta y cinco años de enseñanza, el Buda explicó estas cuatro nociones numerosas veces. El mindfulness de cada una de ellas y a los ocho pasos del sendero del Buda es la clave para que también nosotros podamos alcanzar la paz y la liberación interior.

Así pues, ¿cuáles son estas verdades? En resumen, la primera de ellas es el *sufrimiento*, la insatisfacción o infelicidad que inevitablemente sentimos en nuestra vida. La segunda es el origen o *causa* de dicho sufrimiento, nuestra propia mente indisciplinada y codiciosa. La tercera verdad es la *cesación*, la verdad de que, eliminando el deseo y el anhelo, es posible poner fin a nuestro sufrimiento. La cuarta, por último, es el *camino*, los ocho pasos conscientes que debemos acometer para alcanzar esta meta.

A muchas personas les resulta más fácil pensar en los problemas de otras personas que en los suyos propios. «Mira el estado del mundo», dicen. Problemas como terremotos y epidemias parecen tan reales e inmediatos que es fácil experimentar compasión por las víctimas. Por supuesto, es maravilloso sentirse conmovido por el sufrimiento de los demás y hacer lo que podamos para ayudarlos. Pero, a veces, nuestra preocupación es una manera de olvidar o ignorar el sufrimiento que experimentamos cada día.

El mensaje de la *primera noble verdad* del Buda es que todos los seres experimentamos sufrimiento, si bien no todo el sufrimiento se origina en catástrofes de algún tipo, sino que la mayoría tiene un origen bastante ordinario. El *Sutta de los cuatro fundamentos del mindfulness* enumera muchos ejemplos. Sufrimos porque experimentamos vejez, enfermedad y muerte. Sufrimos, física y emocionalmente, debido a desgracias de todo tipo. Experimentamos con regularidad tristeza y angustia. En esencia, sufrimos cada vez que encontramos algo o alguien desagradable o dañino, y cada vez que nos separamos de algo o alguien que nos resulta agradable o reconfortante.

Si reflexionamos unos momentos en ello, todos podemos enumerar muchos ejemplos personales. Ya sea que lo llamemos estrés, ansiedad, depresión, enfermedad crónica, miedo o nerviosismo, la primera verdad del Buda nos recuerda que, en nuestro estado no iluminado, el sufrimiento es inevitable.

El mindfulness nos ayuda a reconocer que, detrás de todos estos tipos de sufrimiento, se halla el deseo o el aferramiento. Los cinco agregados enferman, envejecen y desaparecen a cada momento. Debido a que nos aferramos al cuerpo, cuando envejece o enferma, experimentamos dolor físico y angustia emocional. A causa de que deseamos aferrarnos a las sensaciones placenteras y evitar las dolorosas, los inevitables altibajos de la vida nos hacen sentir deprimidos e infelices. Toda percepción de belleza, y hasta el pensamiento más brillante o delicioso, perdura tan solo unos instantes y luego se desvanece. Si nos aferramos a cualquiera de los agregados, se convierte en un agregado de apego y en causa de sufrimiento. La verdad es que todo depende de nosotros. Cuando no nos aferramos, dejamos de sufrir. La consciencia de este reconocimiento es la *segunda noble verdad*.

Sin embargo, como el Buda nos promete en su *tercera noble verdad*, el sufrimiento puede terminar. El Buda explica que la felicidad es la paz experimentada cuando la mente se ve libre de estados negativos como codicia, odio, engaño, nacimiento, crecimiento, decadencia, muerte, tristeza, pesar, dolor, aflicción y desesperación. Cuando renunciamos a nuestra sed por los placeres sensuales, dejamos de sufrir yendo en pos de ellos. El ojo y las visiones, el oído y los sonidos, la nariz y los olores, la lengua y los sabores, el cuerpo y las texturas, y la mente y los fenómenos mentales de todo tipo, ponen en marcha el tren de los eventos que conducen al anhelo y otros estados negativos. Sin embargo, cuando nuestra atención nos ayuda a reconocer que cada experiencia, por más deliciosa u horrible que sea, perdura solo unos instantes, cortocircuitamos este proceso. Entonces el sufrimiento cesa y permanecemos en paz, conociendo la realidad tal como es: transitoria, insatisfactoria y carente de yo.

Mindfulness del Óctuple Sendero

La *cuarta noble verdad* es el sendero del Buda, formado por ocho pasos. En el *Sutta de los cuatro fundamentos del mindfulness*, las «cuatro nobles verdades» se mencionan al final de los siete factores de la iluminación. Esta ubicación tiene un gran sentido. Cuando experimentamos el último de los siete factores –la mente equilibrada de la ecuanimidad–, percibimos claramente nuestro propio sufrimiento y dejamos de estar atrapados en nuestra historia. También vemos de qué modo causamos nuestro sufrimiento y entendemos que puede llegar a su final. Estas comprensiones son la base de nuestra práctica de los ocho pasos del sendero del Buda. Estos ocho pasos son bastante fáciles de enumerar, pero cada uno de ellos es un tema tan profundo y exhaustivo que requiere comprender numerosos aspectos relacionados con las enseñanzas del Buda. Explico cada paso en detalle en mi libro *La práctica de la atención plena en nuestra vida cotidiana*. Pero, en síntesis, esta es la lista:

Comprensión hábil: vemos que cada acción que llevamos a cabo es una causa que conduce a un determinado efecto. Asumimos que nos corresponde a nosotros crear las causas de la vida satisfactoria que deseamos tener tanto ahora como en el futuro.

Pensamiento hábil: cultivamos pensamientos positivos, como la generosidad o el soltar, el amor-amistad y la compasión.

Palabra hábil: decimos la verdad y evitamos las palabras hirientes o maliciosas y los chismes ociosos.

Acción hábil: Llevamos una vida ética. Nos abstenemos de matar, robar y tener conductas sexuales inapropiadas e intoxicantes.

Medios de vida hábiles: elegimos una profesión ética y nos comportamos con honestidad e integridad en nuestro trabajo.

Esfuerzo hábil: somos implacables a la hora de prevenir y superar los estados mentales negativos y de cultivar y mantener los estados positivos.

Mindfulness hábil: practicamos cada día la meditación de la atención plena y también la cultivamos como nuestro abordaje en la vida diaria.

Concentración hábil: entrenamos nuestra mente para enfocarse en un solo punto y poder alcanzar los estados jhánicos de concentración profunda.

Solo a través de la práctica diligente de estos ocho pasos podremos alcanzar los estados que conducen a la iluminación.

Los frutos del sendero

Como afirma el *Sutta de los cuatro fundamentos del mindfulness*, «si alguien desarrolla adecuadamente estos cuatro fundamentos durante siete años [...] o incluso durante siete días, cabe esperar que esa persona coseche uno de estos dos frutos: el conocimiento final aquí y ahora o, si persiste algún rastro de apego, el estado del que no retorna». La palabra *adecuadamente* nos sugiere que practicar el sendero del Buda exige esfuerzo. Es ciertamente más fácil y cómodo mantener nuestros hábitos negativos. Sin embargo, la atención plena a nuestras propias experiencias nos enseña que, al menguar la codicia, el odio y otros estados negativos, también reducimos nuestra insatisfacción e infelicidad. El mindfulness nos motiva a trabajar más duro y a esforzarnos en alcanzar el objetivo final de poner fin, de una vez por todas, a nuestro sufrimiento.

Cuando se fortalece nuestra capacidad para acceder a la meditación de concentración, empezamos a cosechar los frutos del sendero. En primer lugar, armonizamos las cuatro bases de la realización: deseo, esfuerzo, mente e investigación. En esencia, el deseo de poner fin al sufrimiento y el esfuerzo energético que dedicamos a la meditación deben hallarse en perfecto equilibrio. Asimismo, nuestra capacidad de concentración para investigar los fenómenos no debe ser excesivamente tensa ni demasiado floja. Cuando estos factores se hallan en perfecto equilibrio, la mente se torna cada vez más abierta, clara y luminosa, y desarrollamos poderes espirituales o *iddhipada*, los cuales nos ayudan a destruir los grilletes a medida que vamos progresando hacia estados cada vez más altos.

El sendero hacia la iluminación tiene cuatro etapas finales: el que entra en la corriente, el que solo regresa una vez, el que no regresa y el *arahant*. A medida que nuestra práctica del «noble óctuple sendero» se hace cada vez más profunda, progresamos a través de estos niveles de realización.

El que entra en la corriente. El primer hito que alcanzamos se llama entrada en la corriente.

En cierta ocasión, el Buda dijo a Sariputta:

—Sariputta, se habla de: «la corriente, la corriente», pero ¿qué es la corriente?»

—Este «noble óctuple sendero», venerable señor, es la corriente —respondió Sariputta.

—Bien, muy bien, Sariputta —prosiguió el Buda—. Ahora bien, se dice lo siguiente: «El que entra en la corriente, el que entra en la corriente». ¿Quién es, Sariputta, el que entra en la corriente?

—Aquel que posee este «noble óctuple sendero», venerable señor, es el que entra en la corriente.

Este pasaje es en extremo importante. El «noble óctuple sendero» es la «corriente» en la que entramos para que nos conduzca a la iluminación. Cuando meditamos durante un tiempo considerable, nuestra mente se va aclarando de forma gradual y las dudas se desvanecen. Percibimos muy claramente la conexión entre codicia y sufrimiento. De hecho, los dos nos parecen casi idénticos.

A partir de ese momento, practicamos el «noble óctuple sendero» viendo nuestra confianza confirmada. La moralidad intachable se convierte en algo natural. Nos abstenemos completamente de destruir la vida, de apropiarnos de lo que no es nuestro y de incurrir en una conducta sexual inapropiada. Abandonamos las palabras insinceras, el discurso divisivo, el habla hiriente y los chismes ociosos. Cultivamos pensamientos positivos y somos implacables en la superación de los estados mentales negativos y en el cultivo de los estados positivos.

Como resultado de estas buenas acciones de cuerpo, palabra y mente, los primeros tres grilletes son destruidos, es decir, la creencia en un yo permanente, la duda escéptica y el apego a los rituales. Entendemos que los cinco agregados comparten la misma naturaleza y que también surgen y desaparecen. No albergamos deseo alguno de volver a experimentar el dolor del nacimiento, la vejez y la muerte. Nuestro único objetivo es liberarnos del *samsara* y poner fin a su ciclo de sufrimiento. Podemos decirnos sinceramente a nosotros mismos: «He puesto fin al infierno, he puesto fin al reino animal, he puesto fin al dominio de los fantasmas, he puesto fin al plano de la desdicha, los malos destinos, el mundo inferior. Soy alguien que ha entrado en la corriente, que ya no aspira al otro mundo, con un destino fijo, con la iluminación como mi destino»

El que retorna una vez. Seguidamente, el mindfulness nos ayuda a ser cada vez más conscientes del cambio que, a cada instante, se produce en los cinco agregados. La consecuencia es que se destruye la parte más obvia o burda de los siguientes dos grilletes: el anhelo de experiencias sensuales y el odio. Esta expresión significa que, antes de alcanzar la iluminación, renaceremos en el reino humano al menos una vez más.

El que no retorna. En la tercera etapa, nuestra profunda meditación de concentración destruye los aspectos sutiles restantes del anhelo y el odio. Nos convertimos en alguien que «no retorna» y que ya no renacerá de nuevo en el reino humano. En su lugar, tomaremos renacimiento en una Morada Pura, lo que algunas tradiciones denominan Tierra Pura. Allí proseguiremos nuestra práctica hacia la liberación completa.

Arahant. En la etapa final del sendero, los cinco grilletes restantes son destruidos a causa de nuestra avanzada meditación de concentración. Dejamos de anhelar el renacimiento en un reino material sutil o en un reino inmaterial. Superamos el engreimiento y la inquietud. La mente es tan aguda, clara y luminosa que percibimos plenamente las «cuatro nobles verdades» operando como una unidad: el sufrimiento, su causa, su final y el sendero que conduce a su final.

Por último, nuestra mente rechaza por completo la noción de que podemos encontrar un yo en cualquier parte de los cinco agregados. Son destruidos los últimos fragmentos de ignorancia respecto de las «cuatro nobles verdades», y la persona se convierte en un *arahant*, es decir, en alguien que se halla completamente liberado del sufrimiento. Hemos alcanzado la meta del camino. Como explicó el venerable Sariputta: «Para el *arahant*, amigo, no hay nada más que hacer y no hay repetición de lo que ya ha hecho». El sufrimiento de esta vida y de todas las vidas venideras se termina y, como sigue diciendo Sariputta, «Cuando estas cosas se desarrollan y cultivan, conducen a una existencia plácida en esta vida, a la belleza y a la comprensión clara».

Puntos clave para practicar el sendero

- La mejor manera de repasar los puntos principales de los «cuatro fundamentos del mindfulness» es leer o recitar la versión corta del *sutta* contenida en las páginas 27-32.
- El mindfulness nos brinda una visión profunda de las características de todo cuanto existe: transitoriedad, insatisfacción y ausencia de yo.
- Alcanzamos dicha visión profunda utilizando el mindfulness para investigar nuestro cuerpo, sensaciones, pensamientos y fenómenos.
- El modo más eficiente de abordar el entrenamiento del mindfulness consiste en meditar en la respiración, puesto que la respiración está siempre presente y es fácil de observar. Cuando la mente se unifica con la respiración, permanece en el momento presente.
- El mindfulness y la comprensión clara nos revelan que las treinta y dos partes del cuerpo están compuestas de cuatro elementos sometidos a un continuo cambio. Debido a que está sujeto a crecimiento, decadencia, enfermedad y muerte, el cuerpo no puede proporcionarnos satisfacción duradera. Pero lo más importante es que el cuerpo «no es mío, no soy yo y no es mi yo».
- El mindfulness de las sensaciones nos ayuda a darnos cuenta de que el sufrimiento emerge a partir de las reacciones habituales de la mente a los tres tipos de sensaciones: anhelar las sensaciones placenteras, rechazar las sensacio-

nes desagradables y experimentar un sentido confuso del «yo» respecto de las sensaciones neutras. Como todo lo demás, las sensaciones surgen, alcanzan su punto álgido y desaparecen.

• El mindfulness de la mente nos ayuda a percatarnos de que nuestros pensamientos y estados mentales también cambian de continuo.

• Cuando cultivamos el mindfulness de los *dhammas* o fenómenos, percibimos el surgimiento y desaparición de los cinco obstáculos, los diez grilletes, los cinco agregados, los seis sentidos y sus objetos, los siete factores de la iluminación, las «cuatro nobles verdades» y los ocho pasos del sendero del Buda.

• La práctica apropiada del mindfulness de los «cuatro fundamentos» conduce al *nibbana*, la liberación, la completa emancipación del sufrimiento. El Buda nos promete que podemos alcanzar este objetivo en el curso de esta misma vida. La práctica correcta del mindfulness también alivia el sufrimiento en el momento presente y hace que esta vida sea más placentera.

Glosario

Agregados: los cinco constituyentes tradicionales del cuerpo y la mente: forma, sensación, percepción, pensamiento y consciencia.

Arahant: meditador avanzado que ha alcanzado la meta de la liberación del sufrimiento.

Bhikkhu: monje completamente ordenado; miembro del Sangha –o comunidad de seguidores– del Buda.

Bojjhangas: en pali, los siete factores de la iluminación: mindfulness, investigación, energía, alegría, tranquilidad, concentración y ecuanimidad. La palabra procede del término *bodhi*, que significa «iluminación», y de *anga*, que significa «miembro».

Cesación: finalización. Es la tercera verdad noble del Buda, la promesa de que el sufrimiento tiene un final. La cesación sin posterior renacimiento es el *nibbana*, la liberación, la emancipación del sufrimiento.

Concentración de acceso: la capacidad mejorada de enfocarse exclusivamente en la respiración o en otro objeto durante periodos cada vez más prolongados. Señala el límite entre la meditación ordinaria y los estados jhánicos de concentración profunda.

«Cuatro nobles verdades»: la primera enseñanza esencial del Buda, impartida en el Parque de los Ciervos, cerca de Varanasi, tras alcanzar la iluminación: (1) la verdad del sufrimiento; (2) la verdad de la causa del sufrimiento: el anhelo; (3) la verdad de la cesación: el final del sufrimiento; y (4) el «noble óctuple sendero»: el método que, paso a paso, conduce al final del sufrimiento.

dhamma (en minúsculas): fenómenos. También la verdadera naturaleza de los fenómenos, tal como enseñó el Buda. La profunda percepción de que todos los fenómenos condicionados son transitorios, insatisfactorios y carentes de yo.

Dhamma (en mayúsculas): las enseñanzas del Buda.

Desapasionamiento: lo opuesto al apego. Una de las diez percepciones especiales que aparecen a consecuencia de la meditación del mindfulness. Conscientes de que todo lo que surge como resultado de causas y condiciones es transitorio, insatisfactorio y carente de yo, experimentamos el desapasionamiento y abandonamos la creencia de que el apego a cualquier cosa en este mundo puede proporcionarnos felicidad permanente.

El que entra en la corriente: el primer hito en el sendero hacia la completa liberación, caracterizado por la claridad y la confianza en el «noble óctuple sendero» del Buda.

El que no retorna: el tercer nivel de realización en el sendero que conduce a la liberación. El meditador que alcanza este nivel ya no volverá a nacer en el reino humano. El renacimiento será en una Morada Pura, donde proseguirá la práctica hasta alcanzar la completa liberación.

El que retorna una vez: el segundo nivel de realización en el camino que conduce a la liberación. Antes de obtener la iluminación, el meditador que alcanza este nivel renacerá en el reino humano a lo sumo una vez más.

Engaño: la creencia confusa en un yo o alma que existe de modo permanente, la cual nos induce a creer que debe haber algo real y permanente llamado *yo* o *mí*, que es idéntico al cuerpo y la mente, o bien que existe dentro del cuerpo y la mente.

Grilletes: los diez hábitos profundamente arraigados de la mente no iluminada que nos atan a una sucesión de vidas insatisfactorias.

Iddhipadda: poderes espirituales que se desarrollan como resultado de la meditación de profunda concentración. Nos ayudan a destruir los grilletes y a progresar hacia estados de realización cada vez más elevados.

Ignorancia: desconocimiento de las visiones fundamentales del Buda, en especial de las «cuatro nobles verdades».

Iluminación: liberación plena y completa del sufrimiento. Al alcanzar la iluminación, el Buda y los *arahants* obtienen la cesación. Habiendo eliminado los grilletes que atan al ciclo de nacimientos y muertes, ya no renacen, de ninguna forma, en ninguna parte.

Jhana: las etapas de la meditación de concentración profunda que conducen al meditador, más allá de la atención ordinaria, a una serie de estados extremadamente serenos, armónicos y poderosos.

Kamma: el principio universal de causa y efecto. Nuestras innumerables acciones de cuerpo, palabra y mente constituyen las causas, mientras que la vida presente y todo lo que nos ocurre en ella son los efectos que surgen de las causas que creamos en esta vida o en vidas anteriores. En general, las buenas acciones conducen a buenos resultados, y las malas acciones a malos resultados.

Liberación: emancipación completa del sufrimiento. El estado de liberación respecto del ciclo repetitivo de nacimientos y muertes en el *samsara* impulsado por el *kamma* y el anhelo.

Meditación de la visión profunda: también llamada *vipassana* o meditación de mindfulness. La consciencia enfocada que nos ayuda a comprender la naturaleza del cuerpo, las sensaciones, los pensamientos y los fenómenos.

Metta: en pali, un estado mental caracterizado por el amor-amistad. En sánscrito, *maitri*.

Nibbana: el objetivo del sendero: la liberación, la extinción del engaño, la liberación del ciclo, vida tras vida, de nacimientos y muertes. En algunas tradiciones budistas, «nirvana».

«Noble óctuple sendero»: la cuarta verdad noble del Buda. Los ocho pasos que conducen a la liberación del sufrimiento: comprensión hábil, pensamiento hábil, discurso hábil, acción hábil, medios de vida hábiles, esfuerzo hábil, atención plena hábil y concentración hábil.

Obstáculos: tendencias negativas que obstruyen el progreso espiritual e interfieren en nuestra capacidad de concentración, a saber: deseo sensual, animadversión, letargo y torpeza, inquietud y preocupación, y duda escéptica. Si bien la meditación de concentración suprime temporalmente los obstáculos, solo los estados jhánicos de la meditación de concentración pueden eliminarlos.

Origen dependiente: cualquier cosa que dependa para su existencia de causas y condiciones transitorias y cambiantes de continuo. Todas las cosas surgen, permanecen por un tiempo y luego desaparecen.

Pali: la antigua lengua escritural del budismo Theravada.

Samatha: meditación de concentración, en ocasiones traducida como «permanencia apacible». Esta mente pacífica y unidireccional suprime los obstáculos e infunde serenidad, paz y luminosidad.

Samsara: el ciclo, vida tras vida, de nacimiento, enfermedad, vejez y muerte caracterizado por el sufrimiento.

Sati: en pali, «recordar». Prestar una atención directa y no verbal, momento a momento, a lo que sucede.

Sunnata: vacuidad del yo. La sabiduría que percibe que no hay un yo o alma permanente y que todo cuanto existe en el *samsara*, incluyendo a los seres humanos, es transitorio, insatisfactorio y carente de yo.

Sutta: escritura budista, especialmente una narración o un discurso que la tradición considera que ha sido impartido por el Buda o por alguno de sus discípulos más conocidos.

Theravada: la «tradición budista de los ancianos», en la cual se utiliza la meditación como sendero hacia el *nibbana* o la liberación permanente del sufrimiento. Se adhiere a las escrituras escritas en pali y es practicada ampliamente en Sri Lanka, Myanmar, Thailandia, Laos y Camboya, así como en numerosos centros de *dhamma* en Occidente.

Vipassana: visión profunda, en especial en la verdadera naturaleza del yo y de los fenómenos. La comprensión de que todo lo condicionado es transitorio, insatisfactorio y carente de yo.